U0920108

丛书编委会

罗尔斯

杨玉成 著

大家精要

Rawls

陕西师范大学出版总社

图书代号 SK16N1057

图书在版编目（CIP）数据

罗尔斯 / 杨玉成著. —西安：陕西师范大学出版总社有限公司，2017.1（2024.1重印）
（大家精要）
ISBN 978-7-5613-8885-3

Ⅰ. ①罗… Ⅱ. ①杨… Ⅲ. ①罗尔斯（Rawls, John Bordley 1921—2002）—政治哲学—研究 Ⅳ. ①B712.59 ②D0

中国版本图书馆CIP数据核字（2017）第002298号

罗尔斯 LUO'ERSI

杨玉成 著

责任编辑 宋媛媛
责任校对 彭 燕
特约编辑 石慧敏
封面设计 张潇伊
出版发行 陕西师范大学出版总社
（西安市长安南路199号 邮编 710062）
网 址 http://www.snupg.com
印 制 永清县晔盛亚胶印有限公司
开 本 650 mm × 930 mm 1/16
印 张 10
字 数 100千
版 次 2017年1月第1版
印 次 2024年1月第2次印刷
书 号 ISBN 978-7-5613-8885-3
定 价 45.00元

读者购书、书店添货或发现印刷装订问题，请与本公司销售部联系、调换。
电话：（029）85303879 传真：（029）85307864 85303629

目　录

小引

20世纪的上半叶，是一个喧嚣、混乱而又残酷的时代。两次世界大战是西方资本主义国家国内和国际矛盾的总爆发，表明自由资本主义已经走到穷途末路。但是，也正是在这种动荡和混乱中，孕育着西方资本主义的一个重大历史转折，一个被称作“资本主义文明化”的转折：从自由放任的资本主义转向国家干预的资本主义或受限制的资本主义。这个转折既有其实践层面的标志，也有其理论层面的标志。从实践层面看，资本主义国家开始放弃自由放任的经济和社会政策，而以维护经济稳定和社会正义的名义对国家的经济和社会生活进行适度干预，其标志性的事件就是20世纪30年代初的“罗斯福新政”和二战后西方国家的社会保障和福利国家建设。从理论层面看，以强调自由放任政策和“守夜人式”的国家为基调的古典自由主义理论逐渐退出主流理论舞台，而以强调国家干预政策和干预能力为主调的新自由主义理论逐渐占据主流理论地位，其主要标志是20世纪初以强调“国家必须担负起增进个人自由能力之职责”的新自由主义政治哲学思潮的兴起和20世纪30年代开始登上历史舞台的凯恩斯主义。

本书的主人公罗尔斯就是在这样的一个背景中开始其生

活、思考和写作的。他在其系列代表作《正义论》（1971）、《政治自由主义》（1993）、《人民法》（1999）和《重申公平的正义》（2001）中系统提出并不断加以完善和发展的正义理论，是对西方思想史上正义理论的总结和发展。他既把近代以来的社会契约论的论证方法提高到一个新的水平，又把20世纪初期以来的新自由主义思潮推到一个新阶段，从而在西方乃至整个世界的思想界引起了广泛而又深刻的反响。我们可以说，他的思想成果既是20世纪西方发达资本主义国家的经济和社会政策从“自由放任”到“国家干预”这一重大转折的深刻反映，又是对这个转折的总结、辩护和促进。下面，就让我们沿着罗尔斯的人生足迹和思想轨迹，来探索他的正义理论之迷宫吧！

第 1 章

罗尔斯小传*

一、正义感初萌的童年时代

父母与政治

1921 年 2 月 21 日，罗尔斯出生在美国东部马里兰州北部港口城市巴尔的摩的一个富裕家庭，其全名是约翰·博德利·罗尔斯（John Bordley Rawls），小名杰克（Jack）。杰克的父亲威廉·李是一位著名律师，母亲安娜·埃布尔来自巴尔的摩郊区的一个富裕家庭，其娘家姓斯坦普。他们共育有五子，杰克排行老二。

杰克的外祖父母出生于巴尔的摩的著名郊区格林斯布林山谷（该地因电影《就餐者》而远近闻名）的两个富裕家庭，双方都继承有遗产，主要是宾夕法尼亚州的煤矿和石油资产。但

---

* 罗尔斯生前基本不接受采访，关于其生平的材料很少。笔者这里的介绍主要依据罗尔斯学生托马斯·博格的《约翰·罗尔斯：生平和正义理论》（牛津大学出版社，2007 年）一书。

杰克的外祖父亚历山大·汉弥尔顿·斯坦普后来却因倾家荡产而被迫与生下四个儿女的妻子离婚。杰克的父方祖辈原先生活在南方。其祖父威廉·斯托·罗尔斯是北卡罗来纳州格林维尔市附近一个小镇的银行家。他因患有肺结核，希望住所靠近约翰·霍普金斯大学附属医院，于是便在 1895 年率全家迁居至巴尔的摩。几年后，杰克的父亲威廉·李亦染上肺结核，成年以后身体一直不太好。大概由于家庭因疾病陷入困境，威廉·李没有念完中学，14 岁时就到一家律师事务所“做外勤”。但是威廉·李颇具上进心，利用晚上时间刻苦自学事务所里的法律书籍，并经过考试获得律师资格证书。威廉·李后来在事业上颇为成功，成为马伯里律师事务所的一位受人尊敬的合伙律师。马伯里律师事务所是巴尔的摩最好的律师事务所之一，其声名奠定于 1803 年的马伯里诉麦迪逊的著名宪法案。在通过律师资格考试之后的数年里，威廉·李还不时到巴尔的摩法学院教授法律课程。他还于 1919 年当选为巴尔的摩律师协会主席，或许他是到那时为止执掌该职位的最年轻的律师。威廉·李作为名律师所获得的成功与声誉使他成为一位立志成才的传奇式人物。

杰克的父母都对政治很感兴趣。他的父亲是威尔逊总统和国际联盟的支持者，并且还是马里兰州州长民主党人艾伯特·里奇的密友和非正式顾问。里奇曾经建议威廉·李去竞选联邦参议员席位，并给他提供过一个州上诉法庭的法官职位，但威廉·李均以健康为由加以婉拒。威廉·李也是罗斯福新政的坚定支持者，但他对罗斯福总统本人的尊重却因 1937 年的“扩充高院危机”（Court-Packing Crisis）而中止。这场危机的起因是，罗斯福总统试图通过任命六位新的法官来扩大最高法院的规模，以打破最高法院对他的新政立法的抵制。杰克的母亲非常聪慧，擅长桥牌和绘画，还热心社会活动，曾担任当时新成立的妇女选民联盟巴尔的摩分部的主席。1940年，她还曾为文德尔·威尔基的竞选而奔忙，其时威尔基已经退出民主党，而以共和党党员身份与罗斯福竞选总统。杰克与其父亲比较疏远，在他的印象中，父亲是一个冷淡的人，与家里人不太亲近。但他与母亲关系亲密，他后来把自己一生对妇女平等权利的关注很大程度上归因于母亲的影响（此外，当然也有其妻子和女儿们的影响）。

两个弟弟的夭折

在杰克的童年时代，对他的幼小心灵打击最大的是他的两个弟弟的不幸夭折，他们都因为受到杰克的传染而病亡。第一次发生在1928年，当时杰克病得非常厉害。尽管家里人严厉地吩咐比杰克小二十一个月的弟弟罗伯特·李（小名博比）不得进入杰克的房间，可是博比还是数度进入他的房间，并且陪杰克玩。不久之后，两个孩子都躺在床上，发着高烧。家庭医生最初误诊了病情，耽搁了很长时间才确诊他们患上了白喉。但是对博比而言，正确的诊断为时已晚，抗毒素未能挽回博比的生命。

博比的死对杰克是一个沉重的打击，按照他母亲的说法，这可能是导致杰克口吃的重要原因，自那以后口吃一直困扰着他，尽管后来有所好转。杰克的白喉逐渐痊愈，然而，就在第二年的冬天，他又染上了严重的肺炎，并很快传染给他不到一周岁半的小弟弟汤米。前一年的悲剧再度重演。尽管杰克慢慢康复，他的小弟弟汤米却未能幸免，而于1929年2月不幸早夭。仅仅在一年多的时间里，目睹家中的两位亲人相继离世，年幼的杰克不能不对之感到痛心疾首，这种童年时代的心灵创伤终生难以忘怀。或许，他后来对弱者的特别关怀与他童年时代对命运之冷酷无情的深刻感受不无关系。

初历人间之不公正

杰克的母亲争取妇女权利的努力使杰克孩提时代的正义感得到培养。他自己也开始对种族和阶层问题进行思考。当时，巴尔的摩有大量黑人，其人口接近总人口数的40%。杰克很早就注意到黑人生活在很不相同的环境中，并且黑人的孩子所上的是隔离学校。他曾经和一个名叫欧内斯特的黑人男孩交朋友，还拜访过他的家。欧内斯特的家在一个破落街区的一所小房子里，这是当时巴尔的摩黑人家庭的典型住所。但是，杰克清楚地记得，他与黑人男孩的友谊令他的母亲极为不悦。尽管他的母亲在为争取妇女权利而奋斗，但她所处的那个阶层还是使她难免对黑人怀有偏见。

到杰克出生时，他的父亲已经是一名成功的律师，家境颇为殷实。为了躲避巴尔的摩难耐的盛夏湿热，罗尔斯一家通常北上缅因州度假，他们在布鲁山南侧购有一处避暑别墅，在那里可以眺望德塞尔山和海湾，他们还购有一艘小型汽艇，可以去远处的小岛。在杰克成长的过程中，他都在这里度过他的所有夏季，并在这里养成他终生的航行爱好。在布鲁克林小乡村，他还碰到当地穷苦的白人，他们长年累月地居住在那里，这些人多半是渔夫和较大的夏季宅邸的看管人。在杰克与一些当地男孩交往过程中，他注意到在这些穷困的小乡村里，他们的受教育机会和生活前景确实远不及自己。这些孩提的经验深刻地印记在杰克的脑海中，使他初步体会到人生际遇的不公正。同时，这些经历也使他深深地感受到他自己是极其幸运的。因为他毕竟从夺去他两个弟弟生命的疾病中逃脱，并且还享受到富足和良好的教育。多年之后，他在《正义论》中谈到，由于社会制度决定着人们不同的社会地位和不同的生活前景，因而社会制度的不平等是一种特别深刻的不平等，需要由正义原则加以调节。由此可见，童年时代的经历和感受对他后来毕生追求的正义事业不无影响。

二、早期教育初显才华

杰克的受教育开始于私立的卡尔威特学校，他在那里上过一年幼儿园，并完成小学学业（1927~1933）。卡尔威特学校实行男女同校制，但在最后三个年级男孩和女孩分开上课。该校强调公开讲演和表演，而杰克也乐于接受，因为用韵文进行讲演有助于克服他的口吃。有一次，在演出席勒的《威廉·泰尔》一剧时，他念错台词，把“那支箭已把苹果劈成两半”读成“苹果把那支箭劈成两半”，观众们都被逗乐了。杰克在卡尔威特的表现相当突出，因而被选为所在班级的毕业生代表，在毕业典礼上致告别辞。他的成绩和智商也给他的老师约翰·韦伯斯特以深刻的印象，这位老师给他提供了特别的帮助和诸多的鼓励，甚至在他离开卡尔威特进入罗兰帕克初级中学之后还给他提供私人辅导。罗兰帕克初级中学系公立学校，从 1933 年到 1935 年，杰克被送到这所学校学习，因为当时他的父亲担任巴尔的摩公立学校教育委员会主席（不受薪），希望借此表达自己对公立教育体制的支持。在他父亲任期届满后，按照巴尔的摩富裕家庭的习惯，杰克被送到一所私立寄宿学校，在那里完成他后四年的中学教育。

杰克从 1935 年到 1939 年所上的寄宿学校是位于康涅狄格州西部的肯特学校。这是一所具有高教会传统的男校，由圣十字教团的修道士担任校长。当时的校长是一位严肃的、固执己见的男士，对教师和学生都有许多严格的限制：除节假日外，学生们不得离开校园去逛附近村庄的商店或去看电影；所有学生都必须打扫整理自己的宿舍，并且每周须有六天参加宗教仪式，礼拜天还得参加两次。杰克在肯特学校相当成功：学习成绩很好，担任高级班班长，是橄榄球队和自由式摔跤队的队员，并且还是年鉴委员会的广告干事。他也玩曲棍球、棒球、网球和国际象棋，还是校爵士管弦乐队的小号手。不过，杰克并不很喜欢他在肯特学校的岁月。这所学校并没有给他带来多少智力上的激励，所以，当他回忆起这段时光时，没有什么成就感，显得有些不快，他说，“这是一个令人不满意的、不结果实的时代”。

杰克的哥哥比尔比他大近六岁，从小学、中学直到普林斯顿大学，杰克都与哥哥上同一所学校。比尔比杰克高大健壮得多，擅长橄榄球、摔跤和网球，他的强壮和活跃，对于需要从失去两个弟弟的极端悲伤中摆脱出来的杰克而言，是非常强有力的激励和鼓舞。在运动方面，杰克试图以哥哥为榜样，但他也培养起自己的独立兴趣，即对著名科学家传记和化学的兴趣。他对化学的兴趣得到一位教父的鼓励，这位教父是化学家。杰克小时候就有一套化学实验仪器，他的教父又给他带来一些化学制剂，杰克常在主日学校放学后制造出各种各样的气味和爆炸声。

三、大学岁月与军旅生涯

二战背景下的大学生活

在念完寄宿学校后，罗尔斯步其哥哥比尔之后尘，于1939年进入现今声名显赫的普林斯顿大学读书。但在当时，普林斯顿大学的规模还比较小，每年只招六百多名学生，而且入校的资格也不那么严格。当时的入学申请很少被拒绝，只要支付得起学费，进普林斯顿并不难。对于像罗尔斯这样的家境比较宽裕的学生而言，支付学费当然不成问题。但对于家境不那么宽裕的学生而言，情况就很不一样，因为当时普林斯顿大学很少提供奖学金，而且为数不多的奖学金也主要是授予那些参加校际比赛的运动员。

罗尔斯刚进入普林斯顿大学时，正值德国入侵波兰。他班上的大多数同学都感到美国肯定会参战，于是纷纷报名参加“后备军官训练团”，以保证毕业后有机会获得一个军官职位。罗尔斯没有报名，但他也很受迫在眉睫的战争震动，一头扎进大学图书馆去阅读有关第一次世界大战的书籍。尽管没有人热心打仗，但罗尔斯身边的那些人（包括家里人和普林斯顿人）都赞同美国应该支持大不列颠。当然，在某些圈子里，也有厌恶卷入欧洲战争的孤立主义的反对派，其中于1940年4月成立的“美国优先”委员会，坚持把美国人的自身利益放在第一位，宁愿与希特勒共存，也不愿意参战，但在罗尔斯的家庭、朋友和熟人中，没有这样的孤立主义者。

应该说，罗尔斯的大学生活并非完全笼罩在战争的阴影之中。在大学一年级，罗尔斯试图以哥哥比尔在运动场的出色表现为榜样，对多种体育项目都认真做过训练。比尔是普林斯顿大学橄榄球、摔跤和网球队的队员，还是网球队的队长。罗尔斯的确被接受为新生橄榄球队队员，但他在摔跤方面则始终表现平平。他在165磅级的比赛中表现不佳，因而曾试图参加下一个级别（155磅级）的比赛。但这意味着他在每次比赛前都要减掉很多体重，而这会影响其比赛成绩。由于不太成功，他也渐渐地不愿参与这种一对一的对抗，因而在赛季结束前就退出了摔跤队。第一学年结束后，他还放弃了橄榄球。他依然喜爱棒球，但不是任何球队的正式成员。

在那个年代，大学的生活还比较古板。普林斯顿大学禁止组织大学生联谊会，因此学生们的社交活动主要是在饮食俱乐部里进行，俱乐部由大三和大四的学生组成。学生们可以在他们大二结束时申请加入，如被接受，他们就可以在俱乐部里吃饭、过夜、谈话或玩赌戏。俱乐部还组织聚会，尤其是周末的大型聚会，所有的饮食俱乐部都会同时欢庆，并会吸引远近的年轻女性来参加。当然，聚会很注重礼仪，女性们不能整晚都待在那里，必须在晚上七点前离开学生宿舍。在这里，任何性接触均被严格禁止，违者立即被勒令退学。罗尔斯再次步其哥哥后尘，被允许加入著名的常春藤俱乐部，这一俱乐部向来偏爱来自巴尔的摩的学生。

走进哲学世界

最初，罗尔斯不知道自己该选哪个专业。他尝试过化学、数学、音乐，甚至尝试过艺术史专业。但对于这些领域，他发现自己要么缺乏足够的兴趣，要么缺乏足够的才能，他最后选定以哲学为专业。他的这次选择没有追随哥哥比尔，比尔到哈佛法学院继续深造，后来在费城当律师。

罗尔斯最初的哲学老师是沃尔特·斯泰斯、戴维·鲍尔斯和诺曼·马尔科姆。罗尔斯在大学二年级时选修过斯泰斯的道德哲学课。斯泰斯是一位功利主义者，在课堂上主要讨论康德的《道德形而上学的基础》、约翰·密尔的《功利主义》以及他自己的著作《道德的概念》(1937)，他后来成为国际知名的黑格尔哲学专家。鲍尔斯讲授康德哲学，后来在战争期间，他因试图跳上一辆刚启动的列车而不幸遇难。当然，对罗尔斯影响最大的是马尔科姆，他只比罗尔斯大十岁左右。

马尔科姆在英国剑桥师从著名哲学家维特根斯坦一段时间后，于1939年秋季回到哈佛，在著名的逻辑学家和哲学家刘易斯的指导下完成博士学位论文。由于刘易斯的强烈推荐，马尔科姆在论文答辩前就已在普林斯顿谋得一个教职。但刘易斯很快对这个推荐感到后悔，其原因在于学术观点上的分歧。刘易斯是认识论上的现象主义者，并且现象主义也是当时美国主流的认识论立场，但马尔科姆却在维特根斯坦的影响下拒绝现象主义。马尔科姆对现象主义的态度在公开的论文答辩时显露无遗。论文答辩后，刘易斯极为不快，试图撤回自己的推荐，但普林斯顿大学哲学系已经答应聘用马尔科姆，并不准备撤销这一决定。马尔科姆于1940年冬季进入普林斯顿大学任教，一直到他1942年4月加入美国海军前夕为止。

维特根斯坦得知马尔科姆到普林斯顿大学任教后赠言道："祝你幸运。特别祝你大学工作顺利。我想，我受自我欺骗诱惑的成分非常大（难道你不比别人更多）。教好哲学乃是奇迹。到目前为止，我对你讲的话，即便可以全部忘掉，但唯独这句话却应该铭记心中。因为谁都不说这样的话，但认为我是怪人这样的事情请尽可能别干。"初出茅庐的马尔科姆牢记维特根斯坦的"不要欺骗自己，也不要欺骗学生"的教导，在指导学生方面真诚而又严格。罗尔斯与他的初次会面并不愉快。1941年秋季，罗尔斯交了一篇哲学论文给马尔科姆，他自我感觉良好，不期受到马尔科姆非常严厉的批评。他要罗尔斯"把论文拿回去"，并"仔细考虑你究竟在做什么"！尽管罗尔斯当时很泄气，但这次的尖锐批评却使他对哲学的兴趣逐渐得到强化。他认为，马尔科姆的人格榜样对形成他自己的做哲学的方法有很大的影响。

1942年春季，罗尔斯选修了马尔科姆的另一门课，据罗尔斯说是有关人类罪恶的准宗教讨论。他阅读了柏拉图、奥古斯丁、巴特勒主教、莱因霍尔德·尼布尔和菲利普·利昂的著作。这一论题并非马尔科姆主攻的哲学方向，他对这一论题的兴趣也许是受到当时那场战争的激发。当罗尔斯多年以后向马尔科姆提及这一课程时（当时马尔科姆任美国哲学学会的轮值主席），他甚至一点都不记得自己曾教过这样一门课。马尔科姆的失忆也许是因为他在讲授那门课的中途就加入海军，因而没能讲完那门课。但罗尔斯对这门课的印象很深。它重新燃起了他对宗教的潜在兴趣，促使他以宗教方面的论题作为大学毕业论文的题目，并且认真地考虑去弗吉尼亚神学院学习，去当神父。尽管他的多数同学都弃学参战，但他却决定加快他的研究。

在二战中死里逃生

出于协助战争的需要，普林斯顿大学采取了特别措施，把一个学期的课程全部压在1942年夏季，以便让学生提前半年毕业。罗尔斯于1943年1月以全优成绩从哲学系毕业，获得学士学位。他特别地把成绩归因于他良好的记忆力和做准确细致笔记的习惯。同年2月，罗尔斯入伍当士兵，在基本的步兵训练后，又完成了通信兵课程。而后，他被派往太平洋战区两年，先后在新几内亚、菲律宾服役，最后在占领日本的美军中服役四个月。在这段海外从军时期，罗尔斯服役于第32步兵师第128团。他在团司令部和情侦组工作，情侦组由七八个人组成，负责侦察敌军位置。他所在的步兵师在菲律宾的莱特岛打得很激烈，但他本人很少真正遭遇交火。仅有一次，当他脱掉钢盔弯身到一条小溪喝水时，突遭日军狙击手袭击，但幸运的是，子弹擦身而过，他仅受轻伤，逃过一劫。在太平洋战区服役期间，他逐渐升职为中士，但在驻守日本时，又被降级为列兵，原因是他拒绝惩罚一位辱骂中尉的士兵。尽管他在战争结束前夕因出色的无线电通信工作而被授予铜质星章，但他拒绝升任军官的机会，因为他觉得军队是个“阴郁之所”，不愿意久留。当他 1946 年 1 月离开军队时，仍然是一名士兵，并且是一名列兵。在他为肯特学校毕业五十周年的同学聚会而作一份简短的自传中，他把自己的军旅生涯描述为“异常的平庸”。与他的哥哥比尔相比，这个描述似乎并不为过。比尔在珍珠港事件爆发前加入空军，曾多次驾驶四个引擎的解放者号轰炸机执行任务，飞越过意大利、德国南部、奥地利和波兰。

战争经历动摇宗教信仰

在 1943 年入伍前，罗尔斯曾经认真地考虑过进神学院。但是，到 1945 年 6 月，太平洋战争经历使他对正统基督教教义的信仰彻底动摇，导致他把神意至上性观念作为恶的观念加以拒绝，当牧师的念头也就烟消云散。据传记作者介绍，在 1990 年撰写的但未发表的一篇题为“论我的宗教信仰”的短文中，罗尔斯对他的信仰转变过程有较为清晰的描述。他认为，在战争期间有三件事情促使他对祈祷的可能性产生强烈的质疑：其一是牧师对神的保佑的滥用，其二是亲密战友遇难的打击，其三是他对“纳粹对犹太人的大屠杀”的耳闻和思考。他写道：“在上帝不把数百万计的犹太人从希特勒手里解救出来的情况下，我怎能祈祷和请求上帝帮助我、我的家庭、我的国家或者我所关心的任何其他珍爱之物？林肯把内战解释为上帝对奴隶制的罪恶的惩罚，南方和北方同样应受此罚。在这个解释中，上帝被看作行事公正。但是，大屠杀不能以那种方式加以解释，并且我把任何以那种方式加以解释的企图都看作骇人听闻的和邪恶的。如果我们要把历史解释为神意的表达，那么，神意就必须和我们所知道的最基本的正义观念一致。还有什么其他基本的正义观念吗？于是，我很快开始也把神意至上性观念作为可怕的和邪恶的观念加以拒绝。在随后的岁月里，越来越多的主要基督教教义被我拒绝，因而我与基督教渐行渐远。”由此可见，残酷的战争现实激发罗尔斯再三深入思考正义问题，促使他从寻求天上的正义转向探求人间的正义。

四、学术历练初显大家风范

复学与结婚

由于已经放弃神学研究的想法，罗尔斯于1946年年初重返普林斯顿大学，攻读哲学专业研究生。三个学期后，他获得一项奖学金到康奈尔大学进修一年（1947~1948），其时马尔科姆和马克斯·布莱克都在那里研究维特根斯坦。其后一年（1948~1949），他又回到普林斯顿大学，在他以前的老师斯泰斯的指导下撰写博士学位论文。此时的斯泰斯已经是锡兰（今斯里兰卡）首都科伦坡的市长，但他还是从繁忙的政务中挤出时间从事哲学研究，尤其是对巴克莱和黑格尔哲学的研究。罗尔斯博士论文的题目是“伦理知识基础研究：关于人格的道德价值判断的考察”，它的聚焦点是人格的道德评价。在论文中，罗尔斯还提出一种反基础主义的程序，即用一系列道德原则对照检查人们最初考量的有关特定案例的道德判断，对它们作出阐释，并进行修正。这个程序有点类似于他后来提出的“反思的平衡”方法。

在1948年下半年完成学位论文时，罗尔斯遇到后来成为他妻子的玛格丽特——昵称马迪。马迪当时在布朗大学的彭布罗克学院念大学四年级。他们于1949年6月喜结伉俪，并在普林斯顿度过那年夏季，为考夫曼的《尼采：哲学家、心理学家和反基督者》一书编写索引，赚得五百美元，这在当时可谓报酬不菲。

马迪主修艺术和艺术史，罗尔斯对这一领域也终生保持兴趣。马迪也在丈夫的事业中日益发挥积极作用，帮助他校对、推敲润色和修订文稿。她还使罗尔斯深切地体会到女性机会平等的重要性。她在结婚时告诉罗尔斯，她的父母重男轻女，认为男孩的教育更重要，只肯支付她的两个兄弟的大学教育费用，没有她的份。后来，马迪成功地申请到布朗大学的全额奖学金，并且通过各种兼职获得额外收入，用以支付大学期间的各种费用。这对年轻的夫妇决定他们将来要给自己的儿女提供同等的机会。他们后来的确做到了这一点：他们的四个孩子都在他们的支持下攻读完大学，其中两个孩子上的是马萨诸塞大学阿默斯特分校，另两个孩子分别上的是里德学院和波士顿大学。

探索伦理决定的根据

罗尔斯获得 1949~1950 学年的研究资助，这样，尽管他的博士学位论文实际上已经完成，但仍可名正言顺地以研究者的身份继续留在普林斯顿。这一年，他主要在哲学系之外选课。秋季学期，他参加了雅各布·维纳尔主持的经济学研讨班；春季学期又参加了阿尔菲厄斯·梅森主持的美国政治思想史和宪法史讨论班，后者主要研读梅森编辑的一本文集《形成中的自由政府：美国政治思想文选》。在这个讨论班上，罗尔斯研习了美国历史上有关政治正义的大多数重要观点，并试图把每一种观点融入一个系统的正义观念之中。

1950 年 2 月，罗尔斯通过论文答辩，获得博士学位。他于 1951 年发表在《哲学评论》杂志上的《伦理学中的决定程序之纲要》一文是对其博士论文部分内容的概述。这是罗尔斯首次在学术界登台亮相。这篇论文既没有注释，也没有引文，完全是罗尔斯用自己的语言写成的，表现出他企图发展自己哲学风格的信心和决心。

这篇论文所要解决的是伦理“决定程序”的合理性问题。它把伦理学的主要目标确定为“对多种利益相互冲突的具体事例，运用正当的诸原理判断哪一种利益应该优先，使正当的诸原理定型化”。关于利益冲突的具体例子在现实生活中经常会遇到。比如，一块蛋糕在兄弟之间进行分配所引起的激烈冲突就是一个典型的例子。再比如，法国存在主义哲学家所提到的一个闻名世界的例子，即二战期间的一个年轻人所面临的两难选择困境：应该参加反纳粹法西斯的抵抗运动，还是留在家里照顾孤苦的寡母？罗尔斯认为，如果伦理学连如此琐碎的冲突都无法解决，那么，它就不成其为“学”，不值得我们称其为“伦理学”。但是，罗尔斯也不赞同萨特的“自由选择”观点：根本不存在决定人类行为正当与否的先验的客观价值，只有行为主体的选择和决断才形成行为的价值。罗尔斯的看法是，各种利益之间的优先顺序问题应按照“正当的诸原理”加以合理地决定。因此，罗尔斯在论文中试图回答两个问题：其一是，是否存在能够裁定相互冲突的各种利益的“合理的决定程序”？其二是，这一程序能否为“理性的探究方法”所确证？当然，对于这两个问题，罗尔斯都力图给予肯定的回答。

拓展学术视野与牛津经历

获得博士学位后，罗尔斯留校任哲学系讲师。当时正是麦卡锡主义时期，但普林斯顿大学基本未受其害。在应尽的教学义务之余，罗尔斯继续从事非哲学领域的学习和研究。1950秋，他参加了经济学家威廉·巴莫尔主持的一个讨论班，主要研读希克斯的《价值与资本》和萨缪尔森的《经济分析基础》。这些讨论在随后的春季学期以非正式的学习小组形式得以继续。罗尔斯还研读了边际效用学派的奠基者之一瓦尔拉斯的《纯粹经济学要义》、冯·诺伊曼和摩根斯坦合著的《博弈与经济行为理论》（1944）以及著名经济学家弗兰克·奈特的《竞争的伦理学》（1935）。罗尔斯后来在撰写《正义论》时广泛地援引现代经济学知识和博弈论作为论证手段。

同时，罗尔斯还与当时任普林斯顿大学访问教授的牛津日常语言学派哲学家厄姆森交上了朋友。从厄姆森那里，他首次了解到英国哲学尤其是牛津派哲学的有趣进展。那时以奥斯汀、赖尔、哈特、以赛亚·伯林、汉普夏尔、斯特劳森、格赖斯和黑尔为代表的牛津派哲学正处于特别具有创造性的阶段。在厄姆森的建议下，罗尔斯申请到富布莱特基金会资助，在厄姆森的牛津基督教会学院以高级访问学者身份访学一年（1952~1953）。

对罗尔斯而言，在牛津度过的那一年是他自1941~1942年在马尔科姆影响下学习哲学以来的最重要的一年。通过厄姆森，他结识了牛津大多数重要哲学家。他参加了由哈特主讲的一门课程，哈特当时刚升任教授，在这门课上阐述了他后来在《法律的概念》一书中发表的一些观点。罗尔斯对1953年冬天由伯林和汉普夏尔主讲、哈特积极参与的一个研讨班的印象尤其深刻。该讨论班的论题涵盖孔多塞、卢梭的《社会契约论》、约翰·密尔的《论自由》、赫尔岑、穆尔以及约翰·梅纳德·凯恩斯的两篇论文。罗尔斯坚持认为，这个研讨班是他应该努力仿效的优秀教学典范。

就在这一时期，罗尔斯开始形成一种借助表述得当的慎思程序来论证实质性道德原则的观念。他认为这一观念的灵感来自弗兰克·奈特的一篇论文，该文涉及合理交往处境的组织。罗尔斯最初的想法是，参与者应当彼此独立地深思熟虑，并向一个仲裁人提出他们的道德原则建议。这一过程应延续到最终达成一项协议。罗尔斯后来在《正义论》的有关原初状态的论述中，试图能够从一个有关假定状态的精确而又精心论证的详细说明中，即在不需要真实当事人执行程序的情况下，推导出实质性的结论。

从康奈尔到哈佛

罗尔斯于 1953 年回国，受聘为康奈尔大学助理教授，1956 年升任永久职副教授。在 20 世纪 50 年代，康奈尔大学哲学系在马尔科姆和布莱克的塑造下颇有吸引力。当时和罗尔斯共事的还有阿尔布里顿和萨赫斯，他们都是罗尔斯在普林斯顿时的同学。该系主办的《哲学评论》至今仍是世界知名的哲学杂志之一，罗尔斯成为其编委之一。

尽管罗尔斯对康奈尔的学术环境感到满意，但他认为其地理位置是个主要缺陷。大学所在地伊萨卡是纽约州北部的一个小镇，距离最近的文化中心纽约、普林斯顿、费城、巴尔的摩或波士顿均有数百英里之遥。虽然这里景色宜人，但冬天十分寒冷，更添孤离之感。随着儿女们的出生成长，康奈尔的不利之处更显突出。

在这期间，罗尔斯有几篇重要论文问世。1955 年在《哲学评论》杂志上发表的《关于规则的两种概念》一文受维特根斯坦的《哲学研究》（1953）一书的语言游戏理论影响，并活用“实践”概念，着手对“规则”概念进行阐释，参与到当时关于规则功利主义的争论之中。尽管罗尔斯对功利主义的一些具体观点有所保留，但该文的基本立场是维护功利主义，认为功利主义原理可以作为评价社会制度的标准。这篇论文使罗尔斯在学术界名声大振。1957 年 12 月，罗尔斯的《公平的正义》一文在美国哲学会东部分会的研讨会上宣读，并经大幅修改后于 1958 年 4 月刊登在《哲学评论》杂志上。该文是一篇极具独创性的论文，标志着罗尔斯在 50 年代思想发展的顶峰。它表现出罗尔斯克服功利主义和重建社会契约论的努力，它所提出的“公平的正义”（justice as fairness）成为罗尔斯后来在《正义论》中所表达正义理论的核心概念，所以可以把它看作通向《正义论》的一个里程碑。

1959 年，罗尔斯经普林斯顿校友阿尔布里顿（其时他已在哈佛获得永久教职）的介绍，受邀去哈佛任访问教职一年，因而得以有机会暂时离开伊萨卡。在这一年里，罗尔斯给当地的许多哲学家留下了深刻的印象，因此麻省理工学院决定给他提供一个终身教授职位。麻省理工学院偏重科学，在经济学方面也相当出色，拥有像萨缪尔森这样的诺贝尔经济学奖获得者。该学院此时也开始建立哲学团队，有副教授辛格和助理教授德雷福斯、托德斯。不过，当时麻省理工学院还没有独立的哲学系，这三位哲学家都隶属于庞大的人文学院。罗尔斯决定接受麻省理工学院的邀请，从而成为其唯一的终身职哲学教授。这有助于罗尔斯发展他与哈佛的友谊，尤其是与德雷本的友谊，并延续他与阿尔布里顿和萨赫斯的老朋友关系，当时萨赫斯也已转到麻省的布兰迪斯大学任教。

作为以理工科见长的大学，麻省理工学院的管理层自然希望它的哲学团队把发展的重点放在科学史和科学哲学方面。罗尔斯在著名的语言学家乔姆斯基等人帮助下，打算建立这个领域的人文分支，于是先后聘用了汤姆森和普特南。他在这个领域的行政事务方面投入大量的时间和精力，而他本人对该领域寡有兴趣，因而当1961年春哈佛大学邀他加盟时，他愉快地接受了邀请。不过，他还是决定延期一年赴任，以便使他在麻省理工学院的改革有一个圆满的结果。

从普林斯顿到牛津，从康奈尔到麻省理工学院，罗尔斯经过十多年漂游不定的学术生涯，最终于1962年选定哈佛大学作为自己的精神家园。罗尔斯非常珍视这样一个顶级学者云集的思想园地，在此后的三十多年里，他的大部分时间都在这里教书、研究和著书立说，直至1991年退休。退休后，在哈佛大学校长的特许下，他仍然继续承担一些教学任务，直到1995年因中风而不得不放弃教学。

五、《正义论》：十年磨一剑

动荡年代中的理论思考

在进入哈佛大学之后的若干年里，罗尔斯主要致力于《正义论》的写作。在20世纪60年代，古巴危机、黑人解放运动、反对越南战争、学生骚乱等事件接连不断地发生，美国处于一片混乱之中。这是一个动荡不安的年代，也是一个追求社会正义的时代。在这样一个时代，罗尔斯正视时代所提出的现实问题，不断磨炼自己的正义理论。他将产生种种社会危机的症结归于财富的严重分配不均，并把正义问题的解决放在社会制度的合理设计之上，希望构建一个良序的社会，以使人们获得一种有价值的美好生活。

1963年，罗尔斯的《宪法上的自由与正义概念》一文发表在美国政治学和法哲学学会年报上。在该文中，罗尔斯表明，人身自由、思想自由、良心自由、政治自由、迁徙自由以及机会均等等“宪法保障的自由”，都具有“平等的自由”之特征，它们是不可以有差别的。这类自由的决定性依据不是“社会效用”，而是“正义概念”本身。在同一年发表的《正义感》一文中，罗尔斯从心理状态发展角度描绘正义感的起源，并对正义感概念进行了较为深入的剖析。罗尔斯后来在讨论“公民不服从的正当性”时，把多数人的正义感作为重要的依据。1965年发表于《哲学评论》杂志的一篇有关理查德·柏兰特编著的《社会正义》（1962）一书的书评，表明罗尔斯开始背离分析哲学传统，试图消除正义理论和实践的分离状态。在1967年发表的《分配的正义》和1968年发表的《分配的正义——若干补充》二文中，罗尔斯涉及后来的《正义论》中“无知之幕”“处于最不利地位者”和“基本善”（primary goods）等重要概念。

罗尔斯尽可能把自己对正义问题的思考和研究与教学工作密切联系起来。他把自己的文章和书稿以讲义的形式分发给学生，供他们在课堂上讨论，并注意收集学生们的意见，倾听各个方面的反应和批评。他还利用课堂讨论政治哲学史上的重要人物。他在哈佛的第一年就开设了有关康德和黑格尔的课程，并就此写作了内容广泛的讲稿。

60年代后期美国政治生活中的主导问题是越南战争。罗尔斯从一开始就认为这是一场非正义的战争，并多次公开为自己的这一观点辩护。他和同事弗思一起参加了1967年5月在华盛顿召开的反战大会。1969年春季，他开设了“战争问题”一课，讨论关于美国参与越南战争是否合理的各种各样的观点。后因哈佛学生总罢课，该课未能正常结束。

罗尔斯最为关切的是促使美国参与这场充满残暴的明显不义之战的社会症结所在，以及公民为反对这场战争能做些什么。关于第一个问题，他认为问题的症结在于财富分配的严重不均，以及财富很容易转化为政治影响。美国的政治程序的建构使得那些财大气粗的个人和公司（尤其是那些军工企业）可通过向政党和政治组织捐款来主导政治竞选。在当时的时代背景下，《正义论》的写作显示出这样的思考轨迹：“无论人们的经济和社会阶级的差异如何，那些天资和禀赋相近的人应该享有大致相同的获取政治权力的机会……从历史角度来看，宪政政体的一个主要缺陷就在于未能实现政治自由的公平价值……此法律体系普遍容忍大大超出政治平等所能容纳的资产和财富分配的悬殊。”关于第二个问题，罗尔斯认为重要的是培养这样一种公众文化，在其中非暴力反抗及良心拒绝作为少数人求助于多数人良知的做法得到理解和尊重。在这里，罗尔斯还简要述及国际伦理，这方面的观点在他后来出版的《人民法》（1999）一书中得到详尽的阐述。

罗尔斯急需回答第二个问题。很多年轻人不愿意服兵役，但服兵役是26岁以下男性青年的强制性义务。国防部决定不征募学业优良的学生，这就赋予教授异乎寻常的权力和责任：一门功课不及格的学生就可能被征入伍。罗尔斯认为除战争本身的不正义之外，这种对“优秀学生的缓役”本身也是不公正的。特别是在来自富裕家庭的子弟更有机会进入某些教育机构的情况下，为什么这些学生应该比其他人更受优待？如果年轻人必须参与战争，那么，富裕的和社会关系广泛的家庭的子弟就必须和其他人一样分担这种命运。如果并不需要所有的适龄男性都去参军，那么入伍人选应通过抽签决定。罗尔斯与哲学系的七位同事和来自政治学系的八位同人一道，在1966年年底和1967年年初的两次全校教员会议上为这个立场辩护，并建议大学采纳他们的动议。但他的一些同事和以保守派校长内森·普西为首的学校管理层以不应当干涉校外事务为由反对他们的动议。对于反对者的指责，罗尔斯等提议人反驳说，当时的司法部长马歇尔曾亲自征询各大学对此事的看法。全校教员会议的最终表决没有通过此项动议，而有关越战的激烈分歧在哈佛也持续了多年。

险遭火焚的皇皇巨著

罗尔斯的1969~1970学术年度是在斯坦福大学的行为科学高级研究中心度过的，他在那里最终完成了《正义论》的写作。他带着二百页打印稿来到斯坦福，通过增加和替换内容，不断进行修订。修订部分由秘书安娜·陶尔重新打印，打印稿不断增加（插页按字母编序）。当时还没有电脑，写作和修改的辛劳可想而知。关于书稿，在这一年快结束时还发生过一个有惊无险的小插曲。4月初的一个早上，六点钟左右，研究中心主任给他打来一个电话，告诉他一个可怕的消息：夜里，学生运动的激进派在研究中心制造了爆炸事件，有几颗燃烧弹在中心爆炸，估计书稿不保。罗尔斯把最新修订的打印稿放在办公室的桌上，而尚存的另一个唯一版本还是写于1969年夏季的初稿，八个月的辛劳看来都要付之东流。罗尔斯在得到这个消息后的沮丧心情可想而知。但幸运再次降临到罗尔斯头上，他的办公室在火灾中幸存下来，只是受到严重的水患。尽管珍贵的打印稿全都湿透了，但字迹依稀可辨。罗尔斯把打印稿晾干，并依此作进一步的修改。尽管在斯坦福有过这次不太愉快的经历，罗尔斯在《正义论》初版的前言中，还是专门提及并感谢斯坦福大学的行为科学高级研究中心。

1970年9月，罗尔斯返回哈佛，担任哲学系主任。这一艰苦而又耗时的工作在当时的政治形势下更显艰难。对于战争及战争在校内挑起的问题，哲学系教师的观点分歧很大。例如，普特南（他步罗尔斯后尘加盟哈佛）是毛主义进步工党党员，属于“极左”派，而哲学系的元老威拉德·蒯因和纳尔逊·古德曼则持保守的观点。这就需要罗尔斯花费大量额外时间和精力来解决系内的分歧。他还必须完成教学任务，因而不得不利用晚上和周末时间来对手稿作最后的润色。

罗尔斯认为这一年是他学术生涯中最困难的一年。但他在这年最后完成的书稿令他满意。打印稿中有很多插页，因此他也不清楚手稿的确切长度。这样，当哈佛大学出版社最后送来五百八十七页的校样让他校对和编制索引时，他也非常吃惊。罗尔斯亲自为该书编写索引。这一广受期盼的皇皇巨著终于在1971年年底问世。关于《正义论》的基本内容及其所引起的巨大反响，后面两章会专门介绍，这里不拟涉及。

六、《正义论》之后

平静的学者生活

在《正义论》出版后的数十年里，罗尔斯的生活相当平静。从1960年起，罗尔斯一家就住在列克星敦（旧译“莱克星顿”，后同），这里距哈佛大学所在地坎布里奇约有八英里。这个小镇由五位经选举产生的无薪委员组成的决策委员会所治理，另有一个由一百八十九名当选代表组成的镇代表会议充任当地的立法机关。罗尔斯夫人马迪任镇会议代表约三十年。在任职期间，她主要努力关注土地使用计划和环境保护问题，有时还颇具职业性地关注马萨诸塞州的环境保护工作。后来，她又致力于最初在布朗大学开始的艺术生涯。她的水彩画在许多地方（包括哈佛大学）展览过，罗尔斯在哈佛的办公室里还挂着她的一幅林肯画像。她还为自己的丈夫画过多幅画像，其中一幅刊登于塞缪尔·弗里曼编的《剑桥哲学研究指针·罗尔斯卷》的封面。

罗尔斯则继续将其大部分时间用于智力工作，主要是在家中进行。他也仍对妻子的艺术活动保持兴趣，并顺着缅因海岸进行各种航海旅行。他试图通过严格的饮食控制和身体锻炼来保持健康。但在1983年，他不得不放弃长期的慢跑锻炼，因为他在跳绳时伤了肌腱。于是改成骑自行车，借助一种室内的固定自行车，他得以坚持运动多年。

1979年，罗尔斯升至哈佛大学最高学术职位，即大学教授。当时哈佛仅有八个大学教授职位，当选者不仅可以享受特别高的薪金，而且在教学方面拥有完全的自由权：如愿意，他们可以在外系上课，或者整个学期不上课而专门从事研究（尽管罗尔斯从未使用这些特权）。罗尔斯获得的是柯南特大学教授职位（以哈佛大学前校长的名字命名），这一职位的前任是诺贝尔经济学奖获得者阿罗。

在哈佛大学哲学系，与罗尔斯关系最密切的同事有阿尔布里顿、德雷本、弗思、卡维尔、什克拉、弗里德，后来还有新来的斯坎伦、阿马特亚·森和柯斯迦尔德。他很少离开马萨诸塞，学术休假仅在密歇根大学一年（1974~1975）、普林斯顿高级研究所一学期（1977年秋季）、牛津大学一学期（1986年春季）。他在密歇根与弗兰克那和勃兰特结为朋友；在牛津，他又与1952~1953年结识的许多老友（尤其是哈特、汉普夏尔和伯林）在一起，还与富特会面，后者曾于20世纪60年代初在麻省理工学院任访问教授。

同以前一样，罗尔斯把大量精力投入课堂教学。他通常一年开三门课，分两个学期进行。他的课总是有多人选修并广受重视。他经常开设的两门历史性课程是道德哲学（包括巴特勒、休谟、康德、西季威克）和社会政治哲学（包括霍布斯、洛克、卢梭、穆勒、马克思，有时还包括《正义论》)。这些课程面向研究生和高年级本科生，通常有三十至五十名学生选修。每周有两次极佳的讲授（罗尔斯常把一页手写的内容概要复印件发给学生)，加上一小时的讨论课，研究生的讨论由罗尔斯主持，本科生的讨论则由一位高年级的研究生主持。即使同一课程已上过多次，罗尔斯也总是悉心准备并更新每一次讲课内容，再度仔细阅读原始文献，并熟悉任何重要的二手材料。许多研究生会年复一年地参加同样的课程，以加深他们对这一领域的了解，并分享罗尔斯的思想发展成果。终其一生，罗尔斯在一大群人中，特别在有陌生人在场的一大群人中，会感到不自在，当他自己成为关注的焦点时（比如在公开讲演时)，更是如此。不过，在哈佛的讲堂里，这个问题几乎不值得注意，特别是一学期的课程开始一两周之后。其时听课人已经比较熟悉，罗尔斯甚而偶尔也会开个玩笑。他在开玩笑时总是面无表情，所以学生们要过一会儿才能回过味来。在非正式场合，比如与一个或几个熟人在一起吃午饭，罗尔斯就会很放松，甚至嘘寒问暖，关心他人的生活和问题，并且可能谈论许多话题：政治、天气、学术生涯、饮食营养或一部关于越南战争的新电影。这种场合的罗尔斯轻松活泼，甚至嬉戏顽皮，真正享受生活。

罗尔斯也经常开设研究生讨论课和由四到六名高年级哲学专业本科生参加的辅导课（类似于讨论课)。在这类课堂上，他讨论伦理学和政治哲学的重要新作。他还指导学位论文，多年以来，他培养了一大批哲学家。据统计，在美国最好的哲学系至少曾经拥有一名罗尔斯的优秀学生。这些学生不仅在道德哲学和政治哲学领域作出不少原创性的贡献，而且在道德哲学史和政治哲学史研究方面也有许多优秀成果。尽管罗尔斯本人只出版过一本哲学史著作（《道德哲学史讲义》），但他为拓展和改进美国的道德哲学史和政治哲学史研究做了许多工作。

由于他作为教师的品质、跨学科的视角和对自己著作的阐释，罗尔斯对听过他讲课的其他学科如政治学、法学和经济学的本科生和研究生，也有持久的影响。这些学生把他的教学和著作的影响延伸到这些相邻的学科，并使之在这些学科中得到更多的同情性的和准确的接受。

理论的进一步锤炼与雕琢

《正义论》出版后，罗尔斯仍然孜孜不倦地在正义理论领域辛勤地耕耘着。他虚心地听取和接受来自各方面的批评，在随后发表的一系列相关论文中，一方面修改和完善自己的观点，另一方面撰文回击和反驳各种不正当的指责，捍卫自己的观点。在 1974 年发表的《关于最大的最小值的几点理由》和《答亚历山大和缪斯格瑞乌》中，罗尔斯对差异原则重新作了阐述。1975 年，罗尔斯有《康德主义的平等观》《相对于善的公平》和《道德理论的独立性》三篇论文问世。在《康德主义的平等观》中，他把康德的“人是目的，而不是手段”这一道德律令解释为某种形式的平等主义主张。在《相对于善的公平》中，他主要讨论作为合理性的善及其与公正之间的关系。《道德理论的独立性》一文原是他就任美国哲学学会主席时发表的演讲，该演讲对“反思的均衡”方法进行较为详细的阐释，并探讨道德理论与哲学其他领域的关系问题。该文的基本思想后来被直接用于政治哲学，成为其政治自由主义理论之基础。

从 1976 年到 1980 年是罗尔斯学术生涯相对沉寂的五年。但这种表面上的沉寂实际上是更为深刻的新思想的一种酝酿和孕育。果然，在 1980 年发表的杜威讲座《道德理论中的康德式的建构论》中，他开始对《正义论》所表述的公平的正义进行康德式的建构论解释。在1982年发表的《社会的统一性和基本善》一文中，他对社会的统一性和基本善重新作了解释，并讨论这两个概念与自由平等的和有道德的人之间的联系。在同一年发表的《基本自由及其优先性》中，罗尔斯还把康德的个人观用于对基本自由的厘定、对其优先性的证明以及对诸多基本自由间冲突的化解。

“康德式的建构论”把罗尔斯原先思想中的不一致逐步给暴露出来，因此它标志着罗尔斯思想的一个转折。罗尔斯开始认识到，期望良序的公平正义社会中的每一个人都去接受同一个综合性的道德观，并以此支撑他们对正义的诚挚信赖，这种想法是不切实际的；信仰自由、思想自由对不同的哲学、宗教和道德观的宽容是有序的民主社会的本质特征。在这样的“合乎理性的综合性学说”多元化的社会中，这些理性的人如何能够接受同样的自由正义观，把它作为公共理性和社会统一的基础？为解答这个问题，罗尔斯相继发表了《重叠共识观念》(1987)、《正当的优先性与善的观念》（1988）和《政治领域与重叠共识》（1989）等重要论文，提出了“理性多元主义”“重叠共识”“公共理性”等关键概念和术语。

到1993年，罗尔斯把他在《正义论》出版后的二十二年当中所写的论文又整理为他的第二部重要著作，即《政治自由主义》(*Political Liberalism*)。这本著作包含罗尔斯对其《正义论》的许多增补和修订，但其理论重点已和《正义论》不同。《政治自由主义》详细阐述了正义观念在民主社会及其公民生活中应该扮演的角色，以及宗教和民主政治的关系及其二者相容的条件，它的主要目的就是使用上述几个重要概念（“理性多元主义”“重叠共识”“公共理性”）去解决现代民主社会的稳定性和政治正义观念的合法性问题。罗尔斯关于这个问题的看法在《再论公共理性观念》（1997）一文中得到最为清楚的阐述。罗尔斯的其他重要著作还有《人民法》（1999）和《重申公平的正义》（2001），前者涉及国际正义，后者则概要性地阐述他的经过修正的正义观念。因其对政治哲学的贡献，罗尔斯被授予1999年美国国家人文科学奖章。

七、哲人其萎，名垂青史

2002年11月24日，罗尔斯在他的列克星敦家中，在妻子马迪的陪护下安然离世。2002年12月3日，他的追悼仪式在列克星敦公共草坪旁的第一教区教堂举行，列克星敦镇降半旗志哀，以示对一位哲学家的不同寻常的尊敬。

罗尔斯的逝世受到学术界和媒体的普遍关注。世界各地的著名学者纷纷撰文，以纪念他对当代政治哲学的重要贡献。美国的《华盛顿邮报》《波士顿环球报》《经济学家》和英国的《泰晤士报》等世界著名报刊和权威学术杂志也专门刊登文章，以示悼念。《华盛顿邮报》（2002年11月26日）的悼念文章题为“自由主义的多重基础”，称赞罗尔斯是“国际公认的20世纪政治哲学和法律理论的权威”。《波士顿环球报》（2002年11月26日）的悼念文章题为“政治哲学的杰出人物”，称赞罗尔斯是“20世纪最有名的政治理论家之一”，它还转引了与罗尔斯在哈佛大学共事达三十五年之久的著名哲学家普特南对罗尔斯的评价，称“他的作品在未来几十年、几个世纪里不会被人们忘记”。《泰晤士报》的悼念文章称罗尔斯是“20世纪后半期影响最大的政治哲学家，他的《正义论》已经被描述为约翰·斯图亚特·密尔以来最重要的政治哲学著作”。

专门撰文悼念罗尔斯的著名学者有芝加哥大学法律教授爱波斯坦、努斯鲍姆以及罗尔斯的得意门生当时任教于麻省理工学院的柯亨和当时任教于哥伦比亚大学的博格等。在这里，没有必要一一转述这些学者对罗尔斯的赞誉，而只援引时任哈佛大学校长萨默斯的一段有代表性的文字：“他将深邃的智慧与同样深厚的人文情怀结合在一起。在现代哲学家当中，很少有像他这样对人们思考正义问题产生了决定性的影响。不同领域的学者们将一代代地从他这里汲取营养。”

那么，一位不苟言笑、不善在公众场合抛头露面的学者，为什么能赢得如此之高的赞誉呢？有人认为，其中的一个原因也许在于罗尔斯那始终如一的谦逊、严谨的治学态度，他一生虚心接受别人的意见和批评，不断地修改和完善自己的观点和主张，正如罗尔斯的门生和哈佛大学哲学系的同事斯坎农所评价的那样，“作为一个人，他以谦逊而著称。他从不指望从他已获得的成就和已享有的声誉中获得任何特殊的待遇”。当然，罗尔斯受人尊重的更重要的原因也许是，他的正义理论所展示的对所有社会成员的福利和人类政治生活的深切关怀，在当代社会引起了强烈的共鸣，从而激励着人们在理论层面和制度层面不断地继续探索。

罗尔斯自己喜欢研究历史上的伟大哲学家，如洛克、康德、黑格尔和马克思等，对他们满怀敬意，并一直在思索能够从他们那里学到什么。作为许多研究生的良师益友，罗尔斯引导他们成为这些伟大哲学家思想理论的杰出诠释者。同样，我们可以预计，罗尔斯自己的理论也会成为一代又一代学者的诠释对象。斯人已去，但他那瘦削的身影依然在政治哲学的殿堂中高高伫立，令人仰视！

第 2 章

《正义论》的迷宫

《正义论》是罗尔斯最重要的代表作，但该书内容广泛，论证错综复杂，并不易于把握。笔者认为，读者如能抓住社会正义观、社会契约论和自由主义这三条思想发展线索加以理解，则可扼其精要。前两条线索主要涉及对罗尔斯的社会正义原则及其论证方法的理解，后一条线索主要涉及对罗尔斯正义理论的思想背景及其历史贡献的理解。下面我们先讨论罗尔斯的社会正义概念以及他的两个正义原则，而后按照上述三条发展线索来深化对罗尔斯正义理论的理解。

一、社会正义概念

正义概念

在日常用语中，“公正”和“正义”这两个词的用法比较宽泛，常被用来形容不同种类的对象。比如，我们会说“张三这个人很公正”“李四的裁决很公正”“法律是公正的”“历史是公正的”“这是一场正义的战争”等等。在这些说法中，我们大致可以把“公正”或“正义”描述的对象分成两类：其一是个人或个人行为的品质；其二是社会或社会行为的品质。其实，汉语中的“正义”和“公正”二词在英语中对应的是同一个词，即“justice”。有人主张当“justice”指的是个人的品质时，应翻译为“公正”，而当它指的是社会的品质时，应翻译为“正义”。笔者认为这个区分所考虑的主要是语言习惯，似乎并没有什么实质依据，因而我在行文中按照汉语的习惯，有时使用“正义”一词，有时使用“公正”一词，把它们作为同义词使用。

英文中的“justice”是从形容词或副词“just”来的。作为形容词，“just”有“公正的”“公平的”“合理的”“不偏袒的”“应得的”“合法的”“适当的”等含义；作为副词，它有“不多也不少”“恰到好处”等含义。当我们把正义作为个人的品质时，指的是某个人为人处世公正合理、不偏袒，比如，法官应有的品质是公正地对待当事人，不偏袒任何一方。同样的道理，当我们把正义这种品质从个人延伸到群体或社会，把它归为社会的品质或社会的美德时，指的是社会或社会制度公正地对待每一个人，给每个人以“应得”之物，包括社会职位和报酬等，同时也让每个人承担相应的社会职责或社会义务。

当然，关于把正义这种品质从个人扩展到社会或国家是否妥当，在当代学者中间存在很大的争议。比如，当代著名的新古典自由主义者哈耶克就认为，“正义”这个词只适用于个人，不适用于社会，把它用于社会会导致所谓“范畴谬误”（category mistake，据笔者所知，二战后英国牛津哲学家赖尔在《心的概念》一书中首次使用这个概念），类似于我们用“忧郁的”一词来形容一块泥土时所犯的范畴谬误，也就是说，社会不是个人，它不是可用“正义”一词来加以描述的那类事物。不过，撇开像哈耶克这样的新古典自由主义者不论，多数当代西方学者是认可社会正义概念的。笔者认为，无论是从用语习惯看，还是从实质含义看，都没有必要排斥社会正义概念。在汉语中，我们既有“为人公正”的惯常说法，也有“社会不公”的惯常说法。而我们在后面关于社会正义观种种的讨论中可以看到，早在古希腊时期，大哲学家柏拉图和亚里士多德就既把“正义”看作个人的品质，又把它看作社会或国家的品质。近代以来的许多大思想家，无论是社会契约论者还是功利主义者，也都非常关注社会正义问题。如果我们把古往今来的这么多大思想家的社会正义观念都看作“范畴谬误”的结果，恐怕不免失之草率。

罗尔斯论社会正义的主题

我们前面在讨论正义概念时，已经谈到作为个人品质的正义和作为社会品质的正义之间的区分。罗尔斯意识到可用“正义”一词描述的事物是多种多样的，既包括法律、制度和社会体系，也包括决定、判断、责难等特殊行为，还包括人们的态度、气质和人本身。不过，在罗尔斯的心目中，社会的正义问题似乎更为根本，是讨论其他正义问题的基础。比如，当亚里士多德将公正定义为不攫取自己本分以外的、属于别人的东西时，他所谈论的显然是个人行为的公正问题。但是，亚里士多德的这个定义又是以一定的产权制度为基础的，因为只有在某个特定的产权制度下，我们才能确定某个东西是否属于某个人，在没有任何产权制度的情况下，我们根本就无法确定什么东西是属于谁的。正是由于这层逻辑关系的存在，使得我们在讨论正义问题时，应该先处理社会制度的正义问题。只有在这个问题有一个答案之后，我们才能处理个别行为的公正问题。至于什么样的人才算是一个公正的人，恐怕还要排在行为公正问题之后。当我们说某个人是一个公正的人时，我们的意思是，他具有经常去做公正行为的倾向。所以，要确定一个人是否公正，所依据的乃是他的行为。由此可见，公正问题所适用的几个重要对象是有联系的，其中的逻辑关系表明社会或社会制度的正义是基础，是核心。

无论如何，罗尔斯明确把自己的研究课题限于社会的正义问题，并且主要限于社会的基本结构。他认为，社会正义的主要问题是社会的基本结构，或更准确地说，是主要社会制度分配基本权利和义务、决定由社会合作产生的利益之划分的方式。而所谓主要社会制度，指的是政治结构和主要的经济和社会安排，比如，对思想自由和良心自由的法律保护、竞争市场、生产资料的个人所有、一夫一妻制家庭，都是主要社会制度。这些主要社会制度结合为一个系统，规定着人们的权利和义务，影响着人们的生活前景。罗尔斯后来在《政治自由主义》（1993）一书中更明确地把社会基本结构界定为“社会的主要政治制度、社会制度和经济制度以及它们如何融合为一个世代相传的社会合作之统一体系的方式”。由此可见，罗尔斯所谓“社会的基本结构”并不等同于主要社会制度，它还包括这些主要社会制度结合为一个系统、规定人们的权利和义务的方式。

那么，罗尔斯为什么要把社会的基本结构确定为社会正义研究的主题呢？其原因在于社会基本结构的影响深刻而又久远。社会的基本结构包含着不同的社会地位，而生于不同地位的人们有着不同的生活前景，这些前景部分是由政治体制和经济、社会条件决定的。社会地位的不平等是一种特别深刻的不平等，它们不仅牵涉面广，而且影响着人们在生活中的最初机会，但人们似乎很难用“应得的奖罚”观念来为这种天生的不平等辩护。那么，到底该如何为这种不平等辩护呢？罗尔斯认为，假如这种不平等是任何社会的基本结构都无法消除的不平等，那么，就需要有一种社会正义原则来为其辩护，也就是说，我们必须说明这种不平等是符合社会正义原则的，从而才是合理的、人们可以接受的不平等。

罗尔斯论社会正义的作用

罗尔斯主要从正义的社会作用角度来界定社会正义概念，并讨论正义的优先性问题。他认为，一个社会可能具有许多美德和优点，例如，效率高、协调、稳定等，但罗尔斯认为，正义是一个社会的首要美德。他指出，一个社会无论多么有效率，无论多么稳定有序，只要它是不正义的，就必须加以改造或废除。这就是罗尔斯所说的“正义的优先性”。那么，为什么在社会所可能具有的诸多美德中，正义所占据的地位最高？或者说，为什么正义具有优先性地位？罗尔斯认为，要回答这个问题，我们必须首先考虑正义原则在社会中所起的作用。所谓社会乃是由个人组成的一个联合体。个人是自利的，他们在参与社会合作过程中既有利益一致的一面，又有利益冲突的一面。所谓“利益一致”的意思是，社会合作会给所有人都带来好处，所有人都有可能获得他们在独自生存的情况下所无法获得的利益，都有可能过上一种比独自生存状态更好的生活。所谓“利益冲突”的意思是，在这种合作中，每个自利的个人都想尽可能使利益最大化、负担最小化，即每个人都想尽可能少劳多得。这样，一个社会必须有一组分配基本权利和义务、确定社会合作的利益和负担之适当划分的规则，以协调在社会合作过程中个人之间的利益关系。如果没有这样的规则来规定参与者所该享受的权利、利益和所该尽的义务、责任，那么，社会合作乃是不可能的事情。

当然，以上解释只是表明社会合作的建立和运作需要一组协调规则，但还未进一步说明这组规则何以必须是公正的规则。实际上，这组规则本身有可能是不公正的。当不公正的情形发生时，那些对社会不满的人，总有可能提出一些道德上的理由来批评该社会，指出其中的不公正，并且声明正是这些不公正妨碍他充分实现自己的人生理想或目标。这种批评和抗议会影响到社会的稳定与和谐，在严重时甚至会使社会的运作受到伤害，从而影响到社会运作的效率。但当规则本身公正或接近公正时，这种危及社会稳定、协调和效率的情形通常不会出现。尽管在一个公正或接近公正的社会中，仍然会有人无法使自己得到完善，无法实现自己的人生理想，但是他们大概无法提出道德上的理由来指责社会，从而也不会觉得这个社会的基本规则需要修改。

总之，由于人是社会的动物，他只能在社会中实现他的理想，而社会的形成必须依靠一套大家共同接受的规则。这套社会规则应该力求公正，以避免由于人们的不满意而对它提出批评，从而危及社会合作的效率和稳定。一个公正的社会可以说是一个“伦理上合理的社会”，即我们无法从道德的观点对它进行批评的社会。尽管一个公正的社会并不意味着就是一个理想的社会，因为一个理想的社会除公正之外还应包括其他的美德，但是，有些其他社会美德确实会随着公正的实现而得以实现，比如，和谐与稳定。从这个意义上说，公正在社会中起作用的方式会影响其他社会美德或社会价值的实现，因此，较之于其他社会美德，社会公正具有优先性。另外，对于其他社会美德，人们可能存在争议。有的人可能觉得效率是极为重要的一项美德，但有些人却不把它看得那么重。在这里，我们恐怕也无法找到一个客观的答案。但是，对于公正这个美德，任何社会都不得不提出一个客观的标准。没有任何社会允许不同的公正标准。在这个意义上说，可以说公正是所有社会美德中最重要的美德。罗尔斯把这套公正的规则看作维持社会存在及其运转不可或缺的基本要素，称之为社会正义原则。

在讨论正义原则的社会作用时，罗尔斯还引入“良序社会”（well-ordered society）概念。当一个社会不仅被设计得旨在推进它的成员的利益，而且也受到一个公开的正义观念有效调节时，它就是一个良序的社会。对罗尔斯而言，一个社会或一个国家处于良序状态的基本条件是：（1）每个成员接受并且知道其他成员也接受同样的正义原则；（2）基本的社会制度通常满足这些原则并且人们通常知道基本的社会制度满足这些原则。

香港学者石元康教授指出，罗尔斯对于正义原则和良序社会的界定有形式主义之嫌。从他的定义中，我们并不能了解到正义原则以及良序社会的具体内容是什么。用正义的作用来界定正义原则，它只能告诉我们某个社会所采取的分配正义原则是什么，却无法告诉我们什么原则才是正义的。比如，有两个不同的社会 A 和 B，A 接受功利原则，而 B 接受我们后面将要谈到的罗尔斯所谓“公平的正义”原则。根据罗尔斯对正义原则的界定，我们只能说这两种原则都是正义原则，因为它们都在履行给社会合作参与者分配权利及义务的职能，但是，我们却无法判断这两个正义原则中何者更公正。同样，罗尔斯的良序社会概念也只是形式的，它并没有告诉我们什么社会才是公正的。比如，一个奴隶社会也可能满足罗尔斯所说的良序社会的两个基本条件，因而我们可以说它是良序的，但是我们大概不会承认奴隶社会是公正的。

二、两个正义原则

《正义论》全书共三篇九章，都可以看作罗尔斯对他所提出的两个正义原则的论证。第一篇是“理论篇”，主要通过设计原初状态，说明原初状态中各方会一致同意选择两个正义原则。原初状态的设计采取的是“反思的平衡”方法，即通过或者调整原初状态条件或者调整两个正义原则内容反复思考平衡，使人们所同意的正义原则与“我们深思熟虑的正义判断”相配。第二篇是“制度篇”，主要探讨两个正义原则在制度安排的运用问题，通过说明这些制度安排符合“我们深思熟虑的正义判断”，进一步论证两个正义原则。第三篇是“目的篇”，主要论证两个正义原则符合人们生活的目的，从而是可行的和稳定的社会正义原则。罗尔斯把两个正义原则看作国家的根本大法即宪法的基础，即看作建国立宪的总原则。因此，两个正义原则在罗尔斯的正义理论中占有极其重要的地位，它们实际上是罗尔斯的正义理论的核心。我们这里主要介绍罗尔斯提出的两个正义原则及其论证过程。

罗尔斯认为，如果我们理性地思考并且关注我们自身的利益，那么，在原初状态的公平环境中，我们所选择的一组正义原则将是具有公平特性的正义原则，即“公平的正义”(justice as fairness)。“公平的正义”包含两个基本正义原则。关于原初状态的界定以及我们为什么在原初状态中会选择罗尔斯所说的两个原则，我们后面在讨论社会契约论时会涉及。这里先阐述罗尔斯提出的两个正义原则本身。

两个正义原则的最初表述

第一个原则：每个人对于与其他人类似的自由相容的最广

泛的基本自由，拥有同等的权利。

第二个原则：社会的和经济的不平等应这样安排：（a）它们被合理地期望合乎每个人的利益；（b）它们与职位和公职向所有人开放相挂钩。

第一个原则中的“与其他人类似的自由相容的最广泛的基本自由”这句话是直译，文绉绉的，有点绕口，不太好理解。为方便理解，可换一种说法：“每个人对于最广泛的基本自由都拥有同等的权利，其前提条件是他在行使自己的自由权利时不得妨碍他人的类似的自由。”比如，你有言论自由，但你的言论自由并不代表你可以毁谤他人，因为毁谤他人是对他人的名誉权利的侵犯，是对他人的人身自由的侵犯。这是不允许的。这就是自由的限度、自由的前提条件。

第二个原则中的 a 条件“它们被合理地期望合乎每个人的利益”的意思是，社会和经济的不平等安排应该对每个人都有好处。该原则中的 b 条件的意思是，这种社会和经济的不平等是与“职位和公职向所有人开放”连在一起或相挂钩的，也就是说，这种社会和经济的不平等只能是职位和公职向所有人开放所带来的结果，是在机会公平情况下出现的结果。不过，关于“职位和公职”究竟指的是什么，罗尔斯的说法似乎有些含糊。他在文中曾经解释说，“有权力的职位”和“领导性的公职”必须是所有人都能进入的，从这个解释看，他的“职位”不是指一般的工作，而是有地位的工作，而他的“公职”指的是有领导权的官员，不是一般的公职人员。他的这个解释也许是因为他觉得“有权力的职位”和“领导性的公职”对人的社会地位的影响尤其重要，但他在原则的表述中并没有什么限制性用语。总之，对于第二个原则 b 条件的确切含义，迄今未见到国内外研究者有清楚的解释。

上述的第一个原则，被称作最大的平等自由原则。第二个原则事实上包括两个原则：(b) 部分被称为公平的机会平等原则；(a) 部分被称作差异原则。此外，罗尔斯还提出两条优先规则，即第一个原则总是优先于第二个原则，而且第二个原则中的 (b) 部分总是优先于 (a) 部分，即公平的机会平等原则优先于差异原则。从第一个原则优先于第二个原则可以推出，不能因为公共利益而牺牲某个人的个人自由，但罗尔斯认为功利主义理论却似乎要求这种牺牲。拥有奴隶的社会给奴隶主带来的幸福大于它给奴隶带来的不幸吗？如果是这样的话，那么，拥有奴隶的社会的幸福总量很可能要大于不拥有奴隶的社会的幸福总量，因此，奴隶制符合公共利益，功利主义可能会要求建立奴隶制。当然，功利主义者很可能坚持，奴隶制或者对自由的其他限制事实上会减少一个社会的幸福总量，因此奴隶制是不可饶恕的，但是他们仍然必须承认，作为原则问题，因多数人的幸福而侵犯自由是可以得到辩护的。但是按照罗尔斯的这个原则，这种出于总幸福的考虑而侵犯个人自由无法得到辩护。

罗尔斯还把这两个正义原则看作更为一般的正义观念的一个特例，这个更普遍的正义观念就是："所有社会价值——自由和机会、收入和财富以及自尊的基础——应该平等地分配，除非不平等的分配对每个人都有好处。"罗尔斯认为，这样一个正义观念使人们无法把自然天赋的偶然性和社会境况的偶然性作为寻求政治优势和经济优势的筹码。当然，从罗尔斯的两个正义原则也可以推出，各种社会资产（比如财富）的不平等分配可以是公正的，只要这些不平等对每个人都有利。比如，一个内科医生的报酬高于一个普通的工人的报酬，这大概对每个人都有好处，因而是公正的。

两个正义原则的含义

罗尔斯认为，两个正义原则所要处理的是分配正义问题。它们所要分配的东西包括权利与自由、机会与权力、收入与财富以及自尊，这些东西被罗尔斯总称为“基本善”（primary goods）。基本善的特征是，它们是任何人都需要的。尽管每个人可能都有不同的人生目标或理想，但无论你的人生目标或理想是什么，基本善都是需要的。罗尔斯的第一个正义原则所要分配的是基本的自由和权利，而他的第二个原则中的“公平的机会平等原则”所要分配的是机会和权力，而其中的差异原则所要分配的是收入和财富。因此，罗尔斯的两个正义原则实际上可以细化为三个正义原则，即最大的平等自由原则、公平的机会平等原则和差异原则，而且每一个正义原则都有与自己对应的基本善。那么，罗尔斯为什么把自己的正义原则称作“两个正义原则”而不是“三个正义原则”？或者说，他为什么把公平的机会平等原则和差异原则合在一起而统称为第二个正义原则呢？

石元康教授认为，对于这个问题，罗尔斯在《正义论》所提供的是“平等主义的解释”。按照前面提到的《正义论》中的一般正义观念，正义意味着平等，所有的社会价值或社会善原则上都应该加以平等分配。但问题是，不同种类的基本善之间是有差别的，有些基本善是可以平等地分配的，有些基本善则无法做到平等分配。我们可以把基本善分成两类：一类是无限的，在个人的占有上是非排他性的，如权利与自由，它们可以被平等地分配；另一类是有限的，在个人占有上是排他性的，它们实际上无法被平等地分配，如进名牌大学的机会、职位和公职所附带的权力。罗尔斯认为，能够加以平等分配的东西都应该平等地分配，而对无法加以平等分配的东西所作的不平等分配，应该有利于每一个人。这样，第一个正义原则就是平等分配的原则，而第二个正义原则就是不平等分配的原则，不平等就意味着差异，可称之为差异原则。因此，也有人习惯把罗尔斯的第二个正义原则统称为“差异原则”。显然，罗尔斯的两个正义原则把社会基本划分为两个领域，一个是政治的，另一个是社会及经济的。第一个原则处理的是政治权利和自由问题，第二个原则处理的是社会与经济方面的问题。有人认为罗尔斯把政治与社会和经济领域截然分开，但没有提供分开的依据。但笔者以为把政治自由和经济及社会方面的考虑分开乃是罗尔斯对当代自由主义的一大贡献。我们后面还会谈到这一点。

两个正义原则的最终表述

通过一系列过渡性的阐释和论证，罗尔斯在《正义论》中对两个正义原则形成如下最终表述。

第一条原则：每个人对与所有人享有的类似自由系统相容的最广泛的、完整的基本自由系统，享有平等的权利。

第二条原则：社会和经济的不平等必须这样安排，以使得它们：（a）在与正义的储蓄原则一致的情况下，给处于最不利地位的社会成员带来最大的利益；（b）与机会公平平等条件下职位和公职向所有人开放相挂钩。

第一条优先规则（自由优先）：两条原则必须以词典式顺序排列，从而自由只能因自由之故而被限制。有两种情况：（a）一种不够广泛的自由必须加强由所有人分享的整个系统的自由；（b）一种不够平等的自由必须可以为那些拥有较少自由的公民所接受。

第二条优先规则（正义对效率和福利的优先）：第二条正义原则以一种词典式的顺序优先于效率原则和利益最大化原则；公平的机会平等原则优先于差别原则。有两种情况：（a）机会的不平等必须扩展那些机会较少者的机会；（b）一种过高的储蓄率必须最终减轻承受这一重负的人们的负担。

一般正义概念：所有社会基本善——自由和机会、收入和财富以及自尊的基础——应该平等地分配，除非其中一种基本善或全部基本善的不平等分配会给处于最不利地位的社会成员带来好处。

在这个最终的表述中，罗尔斯对第一个原则没有什么实质性的修正，而对于第二个原则，他把原先的“合乎每个人的利益”改为“给处于最不利地位的社会成员带来最大的利益”，特别提出社会和经济的不平等分配应该最有利于处于最不利地位的社会成员。那么，罗尔斯是如何从最初的表述过渡到最终表述的呢？要回答这个问题，我们必须分别考虑他的两个正义原则。

第一个正义原则

罗尔斯的第一个正义原则，即所谓最大的平等自由原则，所讨论的是基本自由和权利的分配问题，它的目的就是要保障所有人的基本自由和权利。这个原则并没有什么含混不清的地方。首先，根据这个原则，所有的基本自由都是相等的，并且这些基本自由本身构成一个系统，这个系统包括许多不同的自由。其次，根据这个原则，所有人都拥有高度的自由，即都拥有整个的自由系统，但这种高度的自由要与其他人也享有的同样自由相容。那么，基本自由究竟包括哪些项目？罗尔斯说，公民的基本自由包括政治自由（选举和被选举的权利）、言论与集会的自由、良心的自由与思想的自由、人身自由与拥有个人财产的权利、法治概念所界定的不受任意逮捕及拘禁的自由。在这里，我们发现，罗尔斯所谓基本自由，既包括20世纪著名思想家以赛亚·伯林所谓“消极的自由” （negative liberties），也包括伯林所谓“积极的自由”（positive liberties）。所谓消极的自由，就是“免于什么”（free from）的自由。这种意义上的自由指的是一个人能够不受别人的阻碍而行动。如果别人阻止我做我本来能够做的事情，那么我就是不自由的。所谓积极的自由，就是“去做什么”（free to）的自由。这种意义上的自由指的是，我是我自己的主人，我能够做任何我愿意做的事情。消极的自由类似于法国思想家贡斯当所说的“现代人的自由”，它强调思想自由、良心自由以及基本的个人权利和财产权利，而积极的自由类似于贡斯当所说的“古代人的自由”，它强调的是政治自由和参与政治生活的平等权利。按照“消极的自由”与“积极的自由”之间的区分，可以把近代以来的自由主义区分为两个传统，一个是强调“消极的自由”的洛克传统，另一个是强调“积极的自由”的卢梭传统。虽然罗尔斯的基本自由清单将两种自由都包含在内，但他本人更认同洛克的传统，承认自己与贡斯当和伯林是一脉相承的。他认为，与思想自由和良心自由相比，政治自由具有更少的内在价值，因为与古代雅典的公民以政治生活为中心不同，在现代的民主社会中，政治不是生活的中心，对于大多数公民而言，积极地参与公共政治生活并不占有重要的地位。

第二个正义原则

罗尔斯的第二个正义原则所要处理的是基本自由之外的基本善的分配问题。这些基本善包括收入、财富、机会、权力等。这个原则所要讨论的是，对于这些基本善的不平等分配如何可以被接受？这种不平等分配的理论依据何在？罗尔斯对这个原则的最初表述有两个含义：其一是由职位和公职所带来的经济和社会的不平等必须是对每个人都有利；其二是每个人都应该有平等的机会获得这些职位和公职。这个原则所要证明的是，使所有人都得益的经济和社会的不平等是公正的。

在这个原则中，含有两个歧义的限制条件，即“对每个人都有利”和“对所有人都开放”。罗尔斯认为，对这两个条件的不同解释会引出对第二个原则的四种不同的解释：自然的自由体系解释、自由主义式平等解释、民主式平等解释和自然的贵族制解释。罗尔斯本人接受的是“民主式平等”解释，并且他是在与“自然的自由体系”和“自由主义式平等”解释的对照中阐述“民主式平等”解释的。至于“自然的贵族制解释”，罗尔斯仅简单涉及，因为这种解释接受形式的平等和差异原则，它并没有在减轻人类自然与社会方面的不平等作任何努力。

“自然的自由体系”的解释把“对所有人都开放”解释为职位和公职向有能力者开放，把“对每个人都有利”解释为效率原则。按照这种解释，一个社会的基本结构如果满足效率原则，并且如果这个系统中的职位和公职对于那些有能力的人开放，那么它将会导致一个公正的分配。不过，罗尔斯认为，在自然的自由体系中，职位和公职向所有人开放只是形式上的开放，并不能保证实质上的机会平等。例如，在某个社会中，音乐家是受人尊敬的职业，其收入和社会地位都是令人羡慕的。假设该社会对这个职业的准入并没有身份上的限制，而只有能力或技能上的限制，即从事这个职业必须接受良好的教育，有相应的技术资格。尽管表面上看这个职业对所有人都机会均等，但实际上在这个社会中只有有钱人的家庭才能支付得起培养音乐家的昂贵费用，而贫困家庭则很可能望尘莫及。从这个意义上说，这种机会均等是形式的而非实质的，因为在这个体制中，富裕家庭的孩子会有更多的机会成为音乐家。从自然的自由体系看，人类对平等的要求只能是这种形式上的机会均等。

所谓效率原则，用罗尔斯的话说，就是经济学中所谓“帕累托最优原则”（Pareto optimality）在社会基本结构上的应用。以帕累托最优原则来解释对每个人都有利的分配状态就是，我们不可能在不减少某些人（至少是一个人）收益的情况下，使另一些人获得更多的收益。也就是说，在这种分配状态下，社会已经达到最高效率，我们已经不可能通过提高效率从而增加社会总收益的办法来提高某些群体的收益。显然，把这种帕累托最优的分配状态看作公正的状态，与我们对公正的直观理解有很大的差距。即使是一个奴隶社会，也可能符合帕累托最优原则，因为在该社会中也可能存在不使奴隶主的利益受损就无法增加一个奴隶收益的状态。问题是，在社会分配物总量既定的情况下，某些人或某个人所得多少和另一些人或另一个人所得多少可以有许多不同的组合，单凭效率原则无法判定其中的哪个组合是公正的。换句话说，我们可能有无数个帕累托最优的分配状态，但这些状态都可以说是公正的吗？

当然，自然的自由体系也用某些条件来限制效率原则，比如保障基本权利平等、保障工作职位对有能力者开放、自由竞争的市场经济体制。在满足这些条件之后，自然的自由体系坚持认为，由自由竞争所带来的任何财富分配都是公正的。它认为，我们无法找到财富公正分配的客观标准，因而在谈论分配公正问题时，我们只能诉诸一套程序，只要人们的活动不违反任何程序，则无论最后导致怎样的结果，我们都不能说它是不公正的。

按照经济学基本原理，在自由竞争的市场经济中，某个分配结果的出现，乃是分配之前的资产占有状况决定的。这种资产包括参与分配者当初的财富和能力，而这个财富和能力又在很大程度上决定于他们的先辈的财富和能力。如果追根究底的话，我们可以追溯到最早的阶段，在这个阶段，人们之间只有自然能力的不同。人类天生有不同能力是一个事实，是自然现象，它无所谓公正或不公正，如果硬要追问公正与否，那只能说是老天爷的公正或不公正，与社会公正无关。自然的自由体系观点认为，由财富的占有状况和能力差异所导致的分配结果，不能说它是不公正的。自然的自由体系观点的主要特点是，在讨论分配正义时，没有必要考虑社会与自然的一些偶然因素（能力、财富与地位）的影响，因为这些偶然因素所带来的幸运与不幸是公正所允许的。持这种观点的思想家，比如哈耶克，就直截了当地认为在这方面幸运的人是有权利享受这种幸运的。但是，罗尔斯认为，从道德的观点看，这些偶然因素的影响是非常任性专横的，得不到道德上的辩护。

罗尔斯认为，“自由主义式平等”的解释认识到自然的自由体系允许分配份额受社会地位和财富等偶然因素的专横影响这个缺陷，因而把“对所有人开放”解释为“公平的机会平等”，而不是“工作职位对有能力者开放”。这里所谓机会平等并非只是形式上的，而是实质性的。所谓实质性的机会均等就是尽量把社会偶然因素的影响降到最低程度。还是以培养音乐家为例，自由主义式平等的解释赞成让贫困家庭子弟也有条件受到足够的教育，从而把社会因素所造成的不平等降到最低的程度。而这意味着可能要由公共财政来支付音乐教育的费用。

这样做的理由是，正是一些社会因素使得人的出发点不同，从而造成不公正的社会现象，因此，社会体制应该尽量减少这些社会因素，使得出生在不同阶级但又具有同等自然能力的人，都有相同的机会去实现他们的人生目标或理想。显然，自由主义式平等的解释比自然的自由体系的解释更接近我们日常的道德观点，但它仍然没有把人的天生能力的差异这项因素考虑进去。在自由主义式平等的体制中，两个才智不同的人的人生前景仍然是极为不同的。

罗尔斯对自然的自由体系和自由主义式平等的解释都持批评态度。简言之，他的看法是，从道德的观点看，一个人无法对他天生的才能以及后天的生存环境负责，一个社会制度的分配原则如果把这些因素作为分配的标准，那么它显然是在奖励或责罚人们的某些特殊际遇，而这些际遇又是他们所无法负责的，因此这种标准并没有道德上的依据。尽管自由主义式平等的解释比自然的自由体系的解释有所进步，但它不彻底，因为它仍然没有把天生的因素考虑进去。

自然的自由体系解释和自由主义式平等解释的一个主要共同之处是，都把“对所有人都有利”解释为效率原则。但是，如前所述，这个原则本身却无法在众多的帕累托最优中挑选出某一个特定的分配作为公正的分配，因为从效率角度看，所有的帕累托最优都是一样好的。这如同效用（utility）原则无法在两个具有同样效用的分配中选择其中之一一样。其实，效率原则无法做到这一点的根本原因在于，它把“对所有人都有利”中的“所有人”笼统地解释为“由个人组成的整体”，没有考虑其中单个的人所占份额之多寡，就像功利主义者的效用原则只考虑“最大多数人的最大幸福”而不考虑少数人的利益可能受损一样。

罗尔斯认为，要探讨分配公正问题，不能笼统地说“对所有人都有利”，而必须从所有人中挑出其中的一组人，从他们的观点看分配问题。但是，我们到底该挑出哪一组人，从他们的观点来看分配问题呢？罗尔斯的差异原则指出，我们应该采取“处于最不利地位者”的观点。在罗尔斯看来，不站在任何特定群体的角度看分配问题，而只笼统地说“对所有人都有利”，其结果是只注重量而不注重分配，因而事实上有时候未必对每个人都有利，因为在追求最高效率或最大的总效用时，有可能会以牺牲某些人的利益为代价。在这种情况下，一个符合效率或最大效用的分配，对于被牺牲者而言是不利的。在最极端的情况下，效率原则或效用原则甚至不得不接受奴隶制，因为奴隶制也可能创造最高效率或最大总效用。罗尔斯认为，要真正达到“对每个人都有利”，必须从“处于最不利地位者”的观点来看不平等的分配这一问题。所有的不平等都必须是他们认为是可以接受的，“对每个人都有利”才可能实现。

罗尔斯的差异原则采取“处于最不利地位者”的观点来看分配问题的最重要的理论依据之一是“资产平等主义”（asset egalitarianism）。资产平等主义主张，每个人所具有的聪明才智并非属于他的个人资产，而是属于大家共同拥有的社会资产，个人对它们并不具有独占权，因此也不该单独享有这些聪明才智给他带来的成果。这里有两个问题需要讨论，其一是资产平等主义究竟能否被接受？其二是为什么说资产平等主义使得我们把“处于最不利地位者”的观点作为评价不平等分配的观点？关于第一个问题，罗尔斯诉诸我们日常的直觉观念：一个人应得的奖罚与他的责任能力是连在一起的，而责任能力与一个人的自愿选择能力又是不可分离的。比如，一个人出生在什么社会地位的家庭，不是他自愿选择的结果，他是无法对这件事负责的，因而他也不该因这件事而受到奖励或惩罚。一个人出生在社会地位较低家庭这一劣势所带来的坏处不是他该受的惩罚，而一个人出生在社会地位较高家庭也没有理由享受这种优势给他带来的好处。一个人的聪明才智在很大程度上是家庭和社会环境造成的，因此我们也不能把它们看作拥有者可以独占的资产。同样，在自然能力问题上情况也是如此。如果说人类生来在聪明才智上就是不平等的，那么较聪明者和较愚笨者也都是在没有选择的情况下处于优势或劣势地位的，他们对此不负有责任，因而也不应受奖或受罚。可能会有人指出，人的聪明才智至少有一部分是个人后天努力的结果，因此有聪明才智的人应该有权利享受它们所带来的成果。应该承认，这是一个事实，但这个事实并不妨碍我们把一部分聪明才智归诸天生。另外，我们还应该看到，一个人会不会努力去增进自己的聪明才智，恐怕也与他的生长环境不无关系。生长在较有利的社会环境的孩子往往比生长在较不利的社会环境的孩子更能努力地去增进自己的聪明才智。如此看来，资产平等主义是可以接受的，而资产平等主义意味着处于不利地位者与处于有利地位者同样有权利享有人的聪明才智所带来的收益，而不应由拥有聪明才智者独享收益。

上述的第二个问题涉及聪明才智之成果的共享如何得以落到实处，即我们到底该站在哪一组人的立场处理分配问题才能满足资产平等主义的平等共享要求？在这里，所谓采取某一组人的立场就是指从他们的立场看，分配的不平等是可以接受的，也就是说，对他们是有利的。如果我们站在最有利者的立场看待和处理这个问题，那么其结果不是朝平等的状态靠近，而是走向更加不平等。因为处于最有利地位的人，本来就已经比别人处于优势地位，再加上要求分配上的不平等对他们有利，那么他们就处于更加有利的地位，而处于最不利地位的人则会陷入更加不利的地位。这种立场不是把聪明才智看作社会共同的资产，而是把它们看作那些处于最有利地位者的资产，因而与资产平等主义的要求是背道而驰的。如果我们站在处于最不利地位者的立场，坚持不平等的分配只有在对他们有利的情况下才是可接受的，那么我们显然是要把处于最不利地位者的地位往上抬，使得他们的地位与其他人的地位慢慢拉近，从而趋向于平等。这个立场符合资产平等主义的要求。同样的道理，我们也不能采取“处于中间地位者”的立场，因为这种立场也会拉大处于最不利地位者与其他社会群体的差距。罗尔斯在讨论如何证明他的两个正义原则时，还采取契约论的论证来支持他所采取的“处于最不利地位者”的立场，对此我们后面在讨论社会契约论时会谈到。总之，在经过一系列论证之后，罗尔斯得到第二个正义原则的更确切的表述：社会和经济的不平等必须这样安排，以使得它们：（a）给处于最不利地位的社会成员带来最大的利益；（b）它们与机会公平的平等条件下职位和公职向所有人开放相挂钩。罗尔斯把他对第二个正义原则的这个解释称作“民主式平等”的解释。

那么，我们该以什么标准来判定某一组人是“处于最不利地位者”呢？对此罗尔斯所提供的是极为粗略的答案。他在《正义论》中提出两种确定办法，一种办法是选出一个特定的社会职位，例如没有技能的工人，然后把收入低于这个人群平均收入的人看作处于最不利地位的人；另一种办法是只根据相对的收入和财富而不考虑社会职位，把其收入和财富比社会平均收入和财富少一半以上者都看作处于最不利地位的人。

两个优先规则

第一个正义原则与第二个正义原则之间的关系有可能和

谐，也有可能冲突。罗尔斯认为，在两者发生冲突的情况下，应该有一个优先规则来安排次序。第一个优先规则规定，第一正义原则优先于第二正义原则；第二个优先规则规定，第二个正义原则中的公平的机会均等原则优先于差别原则。而且，这些优先规则规定正义原则按照一种字母顺序排列，即仅当在先的原则得到满足之后，才能考虑后面的原则。

第一个原则优先于第二个原则的实质是自由的优先性。同其他自由主义者一样，罗尔斯也认为自由具有优先性。对罗尔斯而言，自由的优先性具有两层含义。首先，自由的价值高于一切，自由只能因自由本身的缘故而被限制，此外不受任何东西的限制。其次，自由与经济利益之间不允许交换，即任何对第一个原则所要求的平等自由的违背都不能由较大的社会经济利益而得到辩护或者补偿。例如，以少数人的利益为代价来换取绝大多数人的利益，这是正义原则所不允许的，而且由此获得的福利也被认为是没有价值的。

当然，对于政治哲学家而言，仅仅主张自由具有优先性是不够的，还必须同时为这种主张提供令人信服的证明。因此，罗尔斯必须说明，自由优先性的依据何在？为什么自由原则优先于公平的机会均等原则和差别原则？对于这个问题，尽管罗尔斯在《正义论》以及后来的著作中都力图加以回答，但说服力都比较有限，我们这里也就不多涉及。

三、社会正义观种种

罗尔斯的正义理论是对西方思想史上众多正义理论的总结和发展，是迄今为止的正义理论的集大成。因此，我们有必要从正义理论发展线索角度来进一步深化对罗尔斯的正义理论的理解，看看他的正义理论对历史上的诸多正义观究竟有什么样的继承和发展。

西方思想史上关于正义的探讨涉及三类对象：个人的内在品质及其外在行为、一个国家内部的个人之间以及社会各阶层之间的关系、国家与国家之间的关系。当然，关于这些对象的正义品质究竟是一种什么样的品质，思想家们的看法并不一致。大致而言，在罗尔斯之前，西方思想家们关于正义观念已经形成自利论正义观、权利论正义观、幸福论或功利主义正义观、平等主义正义观和共同体主义正义观五种类型，这些类型的正义观在当代的社会和政治哲学中都还有各自的信奉者。

自利论的正义观

这种类型的正义观试图用个人的自利（self-interest）来解释或分析正义，认为正义是促进个人自利的手段，而正义的社会就是符合人们自身利益的社会。我们还大致可以把这种正义观区分为三种形式：一是特殊的伦理利己主义观点；二是普遍的伦理利己主义观点；三是共同利益观点。特殊的伦理利己主义认为，正义是会给特定个人或特殊群体带来最大利益的手段或工具。比如，柏拉图《理想国》中的色拉斜马霍斯就认为正义仅仅代表社会统治者的利益。普遍的伦理利己主义认为，所有人都追求自己的最大利益，但是由于人与人之间的利益冲突不得不接受合乎每个人利益的正义规则的制约，因此，所谓正义是会给每个人带来利益的有效工具或手段。公共利益观点认为，正义仅仅代表集体利益或公共利益，而集体利益是以每个人和所有人的合理自利为基础的，因此一个公正的社会终究合乎每个人合理的自利。有学者认为，用自利来解释或界定正义的主要困难是，正义的目的在于约束人们对合理自利的追求，而如果正义在一定程度上可以被归约为自利或者如果可用自利来为正义辩护，那么正义又如何能够履行它的调节或规范职能？下面，我们以柏拉图的《理想国》和霍布斯的《利维坦》为代表来讨论这个类型的正义观。

柏拉图的《理想国》中的两个人物色拉斜马霍斯和格劳孔分别提出一个有代表性的正义观。色拉斜马霍斯的正义观就是我们前面所谈到的特殊的伦理利己主义，他主张“正义就是强者的利益”，并且他又把强者解释为社会统治者，因此，正义所代表的乃是社会统治者的利益。按照这种观点，统治者可以在违背其他人利益的情况下强求自己的利益，而不会受到惩罚。这样，实际上只有统治者才能够像伦理利己主义者那样追求自己的利益，而其他人只能去增进统治者的利益。

格劳孔的正义观就是我们前面所说的普遍伦理利己主义观点。格劳孔接受色拉斜马霍斯的基本伦理利己主义观点：我们所有人，无论是强者还是弱者，都尽可能增进我们的自利，甚至不惜以牺牲他人的利益为代价，并且我们都把自身利益看作唯一内在的善。但是，格劳孔抛弃了色拉斜马霍斯从强者利益角度对正义所下的定义。相反，他把正义大致界定为“符合每个人利益的政策”。按照这种观点，作为利己主义者，我们每个人都不惜损人利己，只是由于担心别人的报复，我们才不得不接受正义的调节，兼顾他人的利益，因此接受正义和顾及他人利益，仅仅是有效地追求自身利益的必要手段。对于追求自利的个人而言，我们最想得到的结果是损人利己而不受惩罚，但我们明白无法做到这一点，所以退而求其次，勉强接受正义。自利的个人支持正义，不是因为正义本身是好的，而是因为在某些情况下它是增进我们自身利益的最佳方法，所以说，正义仅仅具有工具性价值，而不具有内在的价值。

柏拉图借苏格拉底之口，反驳上述的两种代表性观点，并提出自己的正义观。按照柏拉图的看法，人的灵魂含有三种不同的成分，其一是粗鄙的欲望，其二是激情（如愤怒和雄心），其三是思想或理智。在一个“有德性的人”那里，或者说在一个“为人处世公正的人”那里，灵魂的这三种成分各履行自己独特的职责，并且都在理性的控制下履行其职责。与此相似，在一个理想的国家或正义的国家中，也存在三种成分，每个成分均履行其独特的职责，并且都按照理性的命令履行其职责。灵魂中的最低成分即欲望部分，相当于良序国家中的工匠阶级。灵魂中的激情部分相当于良序国家中的武士阶级，即警察和士兵阶级，他们是统治阶级的助手。良序国家中的最后一个阶级，即统治阶级，相当于灵魂中的理智或理性部分。

按照柏拉图的说法，在一个健康的国家中，正如在一个井然有序的灵魂中一样，理性的成分处于掌控的地位。对柏拉图来说，理想的国家是“哲学王”（哲学家当国王或把国王培养为哲学家）统治下的等级结构分明的贵族统治。从柏拉图的观点看，就像个人一样，国家也是一个活的有机体。它的福利必定是它的臣民所祈求的。尽管柏拉图认为健康的国家对其中的个人而言是最佳的，但他相信国家的健康或福利就其自身而言是某种值得想望的或者吸引人的东西（它本身就是目的）。而且，正如个人的健康或福利要求灵魂的各个部分在理性的居高临下的统治下适当地发挥作用和相互协作，国家的健康或福利也在于理性精英统治下各个阶级正常地发挥作用和相互协作。按照柏拉图的观点，理想的国家就是以这种方式得到良好组织的国家，并且它以这种方式得到良好组织合乎它的内在要求。

我们可以这样概括柏拉图的正义观：所谓个人的正义就是

个人灵魂中的欲望、激情和理智三种成分各就其位、各安其所，也就是个人的灵魂处于协调和谐的状态，因而表现在行为上就是为人处世不偏不倚、恰到好处；所谓国家或社会的正义就是城邦或国家中的工匠阶级、武士阶级和统治阶级三个阶级各司其职、各安其位，也就是国家或社会的内部关系处于协作配合的状态，从而表现为国家或社会的井然有序和稳定。一句话，柏拉图所谓的社会正义就是国家或社会“公正地”对待其成员，给每个人以应得的社会位置，让其各擅其长，各得其所，社会正义的目标在于国家或社会的稳定有序，而一个国家的良序和健康乃是其国民或臣民的福祉之所在。这样看来，柏拉图的正义观是我们上面所说的公共利益观点的一种形式，正义所代表的是社会整体利益或公共利益，当然这种公共利益对社会中的每一个成员都是有利的。

近代西方政治哲学中的一个重要传统，即有关正义和国家的所谓契约论传统，是从霍布斯开始的。霍布斯的代表作《利维坦》的核心观点是，支持或与他人一道拥立一位对我们具有绝对权力的主权者，符合我们的合理自利。在霍布斯看来，唯有绝对主权者的臣民才有可能公正地对待他人，并且唯有这种臣民才有可能参与自然法所规定的安排，这种安排符合集体利益。

霍布斯的社会契约论的出发点是“自然状态”，它指的是我们在不存在政治安排情况下的可能处境。霍布斯并不认为人们曾经生活在自然状态中，所以它所指的并不是实际的历史处境，而仅仅是一组假定的情况。关于自然状态及其中的人们，霍布斯明确指出以下几点：（1）无论是否处于自然状态，人都是自私的。这是他对人的生物本性的认识。（2）人们算计何为其真正的合理自利的能力不同，许多人发现自己为骄傲、自负和爱报复等“自然激情”所支配。有些人不能按照其合理的自利行动。自然的激情容易激起对他人的非理性的攻击。(3) 人们的需求相似，而资源稀缺，从而导致人们为争夺资源而斗争。而这种斗争又导致人们不信任他人并把他人看作敌人。(4) 人们在体力上大致平等，即使体力上最弱者也可用暗算手段杀害强者。(5) 在自然状态中，合作是不可能的。按照霍布斯的看法，只有在人们订立规定每个人应做什么的契约之后，合作行为才有可能出现。但是，自然状态下的协议是没有约束力的，无论哪一方先履约都有可能遭遇另一方的弃约，这种谁先履约谁就可能吃亏的“囚徒困境”会导致任何一方都不愿意首先执行协议。这种彼此不合作对大家都极为不利，因为我们的安全依赖于某种形式的合作。(6) 正是由于上述理由，霍布斯认为自然状态就是每个人对每个人的战争状态。

鉴于自然状态对每个人都是不利的，因此人们都希望尽可能离开这个状态。幸好人与野兽不同，人是有理性的，人的理性所发现的自然法使他们有可能摆脱这种自然状态。自然法是“理性的命令”，人按照自然法行事实际上就是合乎理性地行动，即按照最大限度地保护自己生命的指令行动。霍布斯的第一条自然法就是，只要你有希望获得和平，就要尽力寻求和平，而当你无法获得和平时，你可以使用任何手段保卫你自己。从这里我们可以看出，这个“法则”实际上仅仅是理性自利的指令。霍布斯的第二条自然法是，出于和平和自我保存的考虑，在别人也愿意这样做的条件下，一个人会自愿放弃这种对一切事物的权利；而在对他人的自由权方面满足于相当于自己让他人对自己所具有的自由权。这条法则包含两层意思：一是如果别人不像你这样放弃自然权利的话，你也不可能放弃这个自然权利，否则就是自取灭亡；二是你对别人能够做些什么相当于你让别人能对你做些什么，你不愿意让别人对你做的事情，你也不要对别人做，也就是说，处理人际关系的自由权是对等的。中国的圣哲孔子所谓“己所不欲，勿施于人”说的就是这个意思。霍布斯的第三条自然法是，人们要履行他们所订下的盟约。这意味着必须要有第三方的力量去强制执行协议，否则契约就仅仅是一纸空文。

根据这些考虑，霍布斯得出结论，如果你把上述的自然法应用于现实生活场景，其含义是：出于其自身福利的考虑，人们应该把他们的集体力量和保卫自己的权利转交给一个至高无上的权力，这个至高无上的权力使用所获得的权力强迫所有的公民尊重他们对另一个人的承诺，并且和平共处。按照霍布斯的看法，这是达到和平与安全的最佳途径。如果没有这样一个核心权力去促使他们尊重他们的协议，并使他们受到约束，人们就要生活在“混乱的、不信任的、欺骗的、卑劣的和暴力的自然状态”中，在这个状态中，每个人都肆无忌惮地攫取更高的权力，而生命将是“孤独的、贫困的、污秽的、残忍的和短暂的”。

霍布斯认为，如果人们足够聪明的话，就会理解把他们的权力和权利转让给一个至高无上的权力符合他们的自身利益。他把这个至高无上的权力称为“利维坦”。当人们把他们的权力和权利转让给“利维坦”时，他们实际上就建立起社会契约。正是这个契约把人们从自然状态的邪恶带到公民社会与和平状态。因此，社会契约是个人之间的协议，他们出于和平的考虑，愿意绝对无条件地和不可撤回地把权力和权利转给主权者或“利维坦”。

按照霍布斯的看法，只有当人们之间订立契约并建立起“利维坦”，才会存在法律或正义。他把正义和不义界定为信守盟约和不遵守盟约。因为除非存在一个强制执行盟约的“利维坦”，否则盟约和法律就是没有意义的，法律和盟约只能在“利维坦”下存在。不过，霍布斯强调，创造利维坦的原始盟约或契约不是“利维坦”和它的臣民之间的契约，而是臣民自己之间的契约。在“利维坦”和臣民之间不可能存在契约。因为“利维坦”掌握所有权力，它有打破它自己订立的任何誓约、承诺、协议、许诺、契约或盟约的自由，而这意味着“利维坦”和它的臣民之间的盟约无法执行，因而只是空话。

由于从逻辑上说不可能存在“利维坦”和它的臣民之间的盟约，而且由于正义被霍布斯定义为信守盟约，因此霍布斯式的君主或“利维坦”不可能不公正地对待它的臣民。与此相似，霍布斯式的法律也不可能是不公正的，因为霍布斯意义上的法律是唯一的法律，只有这种法律能够被强制执行。按照霍布斯的看法，“利维坦”有权利制定它能够强制执行的法律（尽管它不能够要求我们自杀），而我们不仅必须在肉体上服从这些法律，而且必须在道德上服从这些法律，因为只有依靠这些法律我们才能够避免无政府状态。

在“利维坦”和它的臣民之间不存在盟约，这意味着“利维坦”对臣民没有法律义务或道德义务。这也意味着当臣民之间达成协议把所有的权力和权利无条件地转让给“利维坦”时，他们是在赌博。他们所打的赌是，在它统治下（“和平”的条件）的生活会比无政府状态的生活更好。霍布斯显然认为这个赌博是聪明的赌博。他写道，如果在人们的生活中，没有“使他们都敬畏”的公共权力，他们天生的邪恶会使任何商业、工业或文化的发展成为不可能，因而在人世间将“没有知识，没有计时，没有艺术，没有文字，也没有社会”，而只有“不间断的恐惧和暴亡的危险”。按照霍布斯的看法，人们只能在无政府和独裁统治（利维坦）之间进行抉择，因而独裁统治是最合理的选择，即使它确实包含暴政的危险。

权利论的正义观

这种类型的正义观根据自然的或者不可剥夺的权利，包括自然的自由权利，来解释政府的正义，认为一个公正的政府就是保护人们的权利的政府。近代英国著名的哲学家洛克是权利论正义观最重要的代表人物，而当代美国著名的新古典自由主义者诺齐克则是这种正义观的最重要的当代追随者和发展者。

自然权利观起源于古老的自然法传统。早期的自然法理论家，例如古罗马的政治哲学家西塞罗，认为真正的法则是理性的自然法则，这个法则普遍适用并永远有效，它对人们如何对待他人有严格限制，人们在道德上受到它的约束。在中世纪，自然法被基督教化，被看作上帝的永恒的道德法。基督教思想家圣·奥古斯丁和托马斯·阿奎那都认为，道德就在于服从神的命令，而人的法律的合法性就在于它们符合神的法律。尽管他们强调的都是人对自然法的“服从”，但在这个“服从”中隐含着这样一个观念，即我们必须做某些事情，这些事情超出所有的其他考虑，包括对自我利益的一切考虑。

这个观念可以很容易地转向限制政府对个人的权力和维护个人自由，因为自然法理论所设置的道德框架能够被用于检验政府及其法律和政策的合法性，人们在提议削减政府权力时，可以求助于这个道德框架。西塞罗甚至提出这个思想：共和国是人们共同协议的产物，这个协议在政府存在之前就已订立。西塞罗和阿奎那都认为自然法是政府以及一切人类行为的最终检验标准。洛克则把自然法观念作为维护个人自由的基础，希望借助自然法确认人们拥有自然权利，即拥有做某些事情的“自然”权利，这些权利不依赖于政治安排的存在，是不可剥夺的，不容受其他的、更迫切的道德考虑的践踏。对自然权利的确认，可以作为分析国家是否正义的基础，因为同个人一样，政府也不得侵犯人们的自然权利。

洛克强调的是自然法允许我们做的事情，而不仅仅是它要求我们做的事情。他认为，按照自然法，所有的人都是自由和平等的，只要他们遵守自然法，他们可以做他们想要做的任何事情。洛克心目中的自然的自由，是“消极的”自由，即不受干涉的自由：只要我们不违背自然法，任何人都不得干涉我们的行动；如果有人干涉我们的行动，那就是侵犯我们的自由行动的权利，这个权利是自然法授予我们的。与我们的否定的自由相对应的是约束所有其他人的义务：避免干涉我们行动的义务。当然，按照洛克的看法，我们的义务不完全是否定的。我们还有保全我们自己的生命以及在某些情况下保全他人生命的义务。

鉴于洛克主张在受自然法约束的范围内，人们拥有不可侵犯的自然自由权利，而且他强调我们有权利判断其他人是否僭越自然法和侵犯我们的权利，那么，含有强制性权力的政府权威的合法性如何得到辩护？在这个问题上，洛克认为，无论我们是否建立政治社会，自然法所规定的一系列义务都是我们必须履行的，自然法所规定的一系列不可剥夺的权利，都是我们不应该侵犯的。如果我们决定建立政治社会，那么，我们所采取的政治安排，包括我们所采取的政府的形式，都应该符合自然法。按照洛克的看法，只有经由每个人同意的政府才符合这个标准，所以，只有经由每个人同意的政府才是公正的政府。如果政府的权力被滥用，尤其是不被用于公益而被用于侵犯自然法，那么，人们有权利解散政府，拿回他们的自然权利。

其实，洛克的这个意见与霍布斯的意见是一致的，他也坚持，政府是人们之间的协议或契约的产物，它的合法性来自人们的共同授权，即政府所行使的唯一合法权威来自每个人的同意。而人们普遍同意一个几乎完全致力于保护其权利的最低限度的国家，是合乎理性的。当然，尽管洛克和霍布斯一样，都认为社会契约的目的是保证“公益”，但他们的“公益”的内容是有差别的。霍布斯认为，每个臣民把他的权利让渡给利维坦，为的是换取和平与安全，或者更确切地说，是希望获得和平与安全。但是，对洛克而言，人们把他的权利托付给国家所要换取的不仅仅是和平与安全，他们还要求国家保护他们所有的自然权利，包括他们的财产权利。

洛克认为，人们明显拥有自然的财产权。由于所有人都是上帝创造的，对他的身体拥有权利，由此可以推出，对他们的身体的劳动也拥有权利，因此对他们“加入劳动”的任何东西拥有权利。这就是说，假如这些东西不属于他人或者不是维持他人的生命所需要的，并且假如它们并不超出在其变质前被用掉的数量，那么他们就对这些东西拥有权利。洛克说，由于金钱是耐久的，一个人可以尽其所能地“聚集金钱”。洛克的财产理论意味着，尽管所有人同等地拥有财产权利，但他们并不都拥有同等财产的权利，因为一个人合法地拥有多少财产取决于他的机灵和勤劳。在洛克看来，某甲和某乙同样有权利获得财产，但由此不能推出他们拥有同等财产的权利。这个区分是重要的，因为它能够进一步证明财富不平等分配的合理性。

幸福论或功利主义正义观

这种类型的正义观用促进或产生所谓“善”来解释或分析正义，并且或把善解释为幸福，或把善解释为快乐，认为一个正义的社会或国家就是会给人们带来幸福或快乐的社会或国家。

亚里士多德把幸福与理智和德性连在一起，认为理智的满足和德性带来幸福，而理智的满足和德性既不是情感也不是天生的能力，而是适当的教育和培养的产物，而正义的城邦国家必须承担起培养公民理智和德性的任务。因此，个人的善或幸福与作为整体的社会的善或幸福以及国家的正义是不可分离的。近代早期的功利主义者，包括边沁和约翰・密尔，用快乐来分析幸福，认为正义乃是使快乐最大化。后来的许多功利主义者则用欲望的满足（效用）来分析善，认为正义就是基于效用考虑的选择，就是使效用最大化。功利主义有种种不同的形式。古典功利主义者认为，我们想要最大化的是所有人的效用的总和的最大化。平均功利主义者认为，我们想要最大化的是受我们的选择影响的那些人的平均效用的最大化。

亚里士多德对正义问题作过全面系统的论述。他也首先把正义看成是个人的一种品质。他在《尼各马可伦理学》中说：“所有的人在说公正时都是指一种品质，这种品质使一个人倾向于做正确的事情，使他做事公正，并愿意做公正的事情。类似地，当人们在说不公正时，指的是这样一种品质，其使得一个人做事不公正，并且愿意做不公正的事情。”

同时，亚里士多德也把正义看作国家制度或体制的一种品质。同柏拉图一样，亚里士多德也认为国家是一个有机体，是一个有生命的存在物。但是，在国家的目的这个问题上，亚里士多德的看法和柏拉图的看法不同。柏拉图认为，只要一个国家在一定程度上是良序的，即能够稳定有序地运转，它就是好的。而亚里士多德认为，国家的目的不仅在于它本身的稳定有序的运转，而且还在于它能够在一定程度上促进公民获得好的生活。人类的目的就是过得好或活得幸福，人的本性就在于追求幸福。人们组成家庭，结邻而居，结社的规模不断扩大最后建立城邦，其目的就是追求幸福。因此，人们建立国家的目的不仅仅在于防御外敌的入侵，也不仅仅在于经济交易，更重要的在于寻求有德性的幸福生活。总之，国家的目的是公民的良善生活，它是实现人类幸福的有效手段。相比较而言，柏拉图的理想国家概念恐怕是有问题的，而亚里士多德的国家目的观相对合理。大家试想想，希特勒统治下的纳粹德国也高效有序地运转着，但我们能说它是好的国家吗？

亚里士多德是一位注重实际的思想家，他研究过许多希腊城邦以及其他国家的政体或基本的政治结构，其结论是，国家正义与否或国家的好坏与政府的形式或政体无关。因此，他不像柏拉图那样致力于寻找理想的政体，没有提出理想国家的处方。他在《政治学》一书中断言，有三种主要的政府形式或统治形式：一个人的统治、少数人的统治和许多人的统治。他认为，只要统治者追求适当的国家目的，那么，这些统治形式中的任何一种形式都是公正的，相反，如果统治者追求某个其他目的，比如追求扩大自己的权力，那么，这些统治形式中的任何一种形式都是不公正的。这样，亚里士多德就区分出六种主要政体：一个人的适当统治或公正统治是君主制，一个人的不适当统治或不公正统治是僭主制；少数人的适当统治或公正统治是贵族政治，少数人的不适当统治或不公正的统治是寡头统治；多数人的适当统治或公正统治是立宪政治（或共和制），多数人的不适当统治或不公正统治是民主政治。他认为，随着统治者的道德品质的蜕化，好的、公正的政府形式倾向于蜕化为坏的、不公正的政府形式，比如，君主制会蜕化为僭主制，贵族政治会蜕化为寡头政治，共和制会蜕化为民主制。

尽管亚里士多德在国家的目的和政体的看法上与柏拉图的看法迥然相异，但在有关分配正义或社会正义问题上，他们的观点并没有实质差异。亚里士多德认为，公民在个人能力、财产条件、出身和自由方面有所不同，正义就是根据这些差别来对待他们。所以，他认为，正义的分配体制就是，赋予同等的人以同等的权利、不同等的人以不同等的权利。通俗一点讲，正义就是成比例，就是个人的能力（包括财富、地位等）与贡献同他们所取得的分配份额成比例，能力与贡献相同者应取得相同的份额，能力与贡献不同者取得不同的份额。这实际上与柏拉图的等级制分配的相似性大于差异性。

密尔是功利主义者。他相信快乐不仅是善，而且是唯一的善，是一切行动和欲求的最终目标："当行动倾向于促进快乐时它们就是正当的，而当它们倾向于产生快乐的反面时就是错误的。"当然，功利主义者不是利己主义者，并且密尔认为人们应该追求的不是他自己的快乐，而是总体的最大快乐，即总快乐。

与卢梭不同，密尔并不把共同体、社会、人民或国家看作有机体，而是把它们看作其中的个人的总和。当密尔说人们应该追求总幸福时，他所指的不是作为某种有机整体的共同体的幸福（整体本身没有感觉，没有什么幸福可言），而恰恰是该群体中的个人幸福的总和。

与洛克不同，密尔并不相信人们拥有上帝赋予的自然权利，但他认为总幸福要求个人享有与他人的自由相一致的最广泛的个人自由。在他看来，对总幸福而言，个人自由，包括思想自由和言论自由，是必不可少的。他论辩说，个人自由是必不可少的，因为对总幸福而言，真理与个人性格和能力的培养是必不可少的，并且只有存在个人自由，真理才能得以发现，每个人的能力才能得以发展。由此密尔推断，只要个人的活动不伤害别人，他就应该享有不受限制的自由。当然，如何判断一个行为是否伤害他人，这是一个困难的问题。

按照密尔的看法，最好的政体（政府形式）是产生最大利益的政体。他坚持，最适合产生最大利益的政体是代议制民主。但是，密尔敏感地认识到在民主中公众观点的专横和多数派观点对少数派观点的压迫对自由造成的威胁。因此，他强调诸如按比例的代表、普选权和国家义务教育等保证条款的重要性。

但是，增加总幸福有时似乎证明对个人自由的限制是合理的。分区法、反托拉斯法、摩托车头盔法等就是这种限制。密尔认识到增加总幸福和保护个人自由之间可能出现的矛盾。他的总体态度是：政府不应该去做个人本身能够更有效处理的事情；即使政府能够更有效率地处理某些事情，但是如果政府这样做会剥夺个人的发展或教育机会，政府也不应该做。简言之，密尔反对不必要地扩大政府的权力。

平等主义的正义观

这种类型的正义观就是用平等或公平来界定正义，认为正义主要是平等或公平问题，公正的社会乃是一个平等的或公平的社会。这种思想至少可以追溯到亚里士多德。我们前面提到，亚里士多德把正义理解为平等者的平等，其含义是在所有相关方面都相似的那些人应该得到同样的对待。这个平等要求实际上是一个很弱的平等要求，因为人们通常在能力、财产条件、社会地位等方面都很不相同，实际上只能有差别地加以对待。亚里士多德的平等甚至并不意味着人们在道德地位上是平等的，也就是说并非每个人都同等地是道德考虑的主体。这明显体现在亚里士多德给奴隶制和妇女从属地位的合法性留下空间。

亚里士多德思想中的这个欠缺被以西塞罗为代表的斯多葛学派和中世纪基督教思想家托马斯·阿奎那所弥补。西塞罗和阿奎那认为，人们在道德地位上天生平等，因为他们都有接近自然法的理性通道，有同等的获得美德的能力。不过，西塞罗和阿奎那都维护君主制政体，并且阿奎那宣称奴隶制符合基督教教义，认为它是对罪孽的惩罚和治疗。在洛克那里，自然法传统得到复兴，他重复斯多葛派和托马斯派观点，认为人们在道德地位上天生平等，并进而断言，人们的平等的道德地位赋予他们平等的免于他人干涉的最大自由。因此，洛克断定合法的政府要求被统治者的自由同意。后来的大多数思想家同意洛克的“人们在道德地位上是平等的并因此拥有自由权利”这一论点，尽管像卢梭这样的哲学家给予自由以极为不同的解释。后来的大多数思想家也继承自然法理论家的这个观点：我们的权利或义务应该被看作我们必须服从的命令，不必考虑我们个人或群体的利益上的代价。洛克和阿奎那把这种命令看作上帝的命令，而康德则把它们看作理性的命令。

关于平等的要求，我们大致可以区分出三种形式。第一种形式是全面平等的要求。这种要求把斯多葛学派的“所有人在道德地位上一律平等”与亚里士多德的“平等者的平等”这一规定结合起来，认为由于平等的道德地位，正义要求每个人都被赋予全面平等的权利。这样，洛克或许应该受到批评，因为他仅仅坚持同等的最大自由，而允许其他重要方面的不平等，比如在拥有财富和土地上的不平等。在这里，我们认为，要求全面平等的观点所依赖的推理是有问题的。“人们在道德地位上是平等的”这一假定，加上亚里士多德所规定的“平等者的平等”，得不出比洛克的“每个人都被赋予平等的自由”这个主张更强烈的平等主义形式，因为亚里士多德的“平等者的平等”这一规定并不排除这个可能性：道德地位平等的人在其他方面仍然可能很不一样，因而还需要区别对待。比如，在道德地位上平等的两个人一起做生意，其中一个人更有头脑、更勤快并且投入的本钱更多，这样，他对生意成功的贡献就更大。按照亚里士多德的规定，贡献大的人有权利获得更大的利润份额。

第二种形式的平等要求是，对按贡献（包括财力、物力以及体力和智力的贡献）分配原则进行限制，以促进每个人实现其目的。康德有时被他的追随者解释为是这种意义上的平等主义者。按照罗尔斯的解释，康德的绝对命令的普遍律公式，像他的原初状态一样，要求在确实剥离人们之间的所有差异的情况下评价道德行为，其结果是，遵循道德律令引导我们像促进我们自己的目的那样促进他人的目的。罗尔斯的这个解释与康德自己对绝对命令第二个公式的解释完全一致。这个公式就是：“要这样做，就是在所有情况下，要把人看作目的，永远不看作手段，无论那个人是你自己或任何别人。”按照康德的看法，这就要求我们尽可能努力“促进他人的目的”。这也就是说，每个人的存在本身是目的，都具有自身的价值，都应得到同等的对待，这是道德律令本身的要求，这个要求不因任何功利的考虑而失效。

第三种形式的平等要求是马克思的“无阶级的社会”。马克思蔑视等级社会，认为理想的社会是没有等级、没有工资、没有货币、没有私有财产和没有剥削的社会，是个人与周遭世界的异化或疏离感降低到最低程度的社会。这种社会不仅给每个人提供足够的物质生活资料，还给每个人提供自由而又充分地发展其体力和脑力的机会。当然，与康德的道德律令观点不同，马克思认为，这种社会类型不是道德律令的产物，而是历史过程的结果，是生产力和生产关系辩证运动的结果。

共同体主义的正义观

共同体主义观点认为，社会应该是一个紧密团结的共同体，因为个人是从他们的共同体那里获得身份的。对这种观点而言，最重要的是人们对共同体事务的积极参与和人们之间的紧密团结，而不是社会正义。

古希腊两位最重要的哲学家柏拉图和亚里士多德都强调个人身份与共同体和国家是不可分离的。亚里士多德认为，国家是最高级的共同体，其部分原因是国家是最大的共同体（它包括乡村，而乡村依次包括家庭和个人），但更主要是因为它是一个有机的整体，而整体比部分重要，并且它不仅仅是部分的总和。国家是实现所有人性所需要的背景：在家庭中我们的较低级的欲望得到满足，在乡村中我们的社会需要得到满足，而在国家中我们的道德性和他人的道德性一并得到发展。但是，国家也被看作具有在个人之上的合法权威，无论个人是否愿意，国家可以塑造人们按照理性的要求过有德性的生活。这种权威的合法性来自亚里士多德所谓法律的正义，也就是使整个国家的有道德的生活得以持续的正义，因此这种权威最好通过法治来行使。法律的正义是亚里士多德所辩护的两个主要正义概念之一，这种意义上的正义蕴含着他的第二种意义上的正义，即公平的正义或平等者的平等。

霍布斯反对亚里士多德的看法，认为国家必须依据个人的自利加以辩护，就是说，国家仅仅是追求个人自利的手段或工具，仅具有工具性意义。尽管洛克拒绝霍布斯的独裁统治式的国家，但他接受霍布斯对国家的个人主义式和工具式的辩护。无论个人和共同体之间如何紧密相连，洛克认为个人身份和国家完全是可以分离的，每个人只受自然法的限制，自然法是一种道德观点，它赋予每个人以超越一切自我利益考虑的权利和义务。洛克认为，国家只是工具性的，除个人转让给它的权力之外，它没有任何其他权力。个人是他们自己的最高统治者，他们只有在需要时才对转让权力感兴趣。而且，对政府的需要几乎完全限于管理侵犯他人权利的道德堕落者，因为大多数人能够在政治领域之外自愿建立社团，并且确实建立起社团。洛克对国家的构成和社团的构成进行了区分：在国家中政府行使强制性的权力，而社团则通过个人的自愿决定组织自身。

洛克的意见是在降低国家地位的同时，提高个人以及由个人组成的社团的地位，国家是为个人和社团服务的，而不是相反。洛克的革命性学说具有深刻的影响。美国的开国者们接受了洛克的许多观点。但是，反对洛克观点的力量也很快聚集。在洛克之后，一些政治哲学家试图恢复非工具性的国家和非一致同意的政治权力的合法性。他们重新启用亚里士多德式的或有机体的共同体—国家观，并且在卢梭和黑格尔的影响下，试图表明人们在从共同体—国家那里获得身份，因而在共同体—国家的背景中是“自由的”。在黑格尔影响下的著作家还强调我们从中获得我们身份的共同体—国家是合乎理性地组织起来的，另外一些著作家则怀疑黑格尔派的合理性主张，不强调国家的合理性，而按照英国保守主义者埃德蒙·柏克的精神，强调共同体—国家有一套传统（这套传统或得到理性的赞同或未得到理性的赞同）赋予其实质形式。

共同体主义传统的著作家都强调保存和参与我们从中获得我们身份的共同体的重要性。一些人甚至把这种参与同正义本身相比较，认为正义的重要性次之。共同体主义传统为非工具性的、非一致同意的国家权力辩护的努力很大程度上依赖于对自我身份的刻画和对“肯定的自由”的认同。其中一条辩护路径是卢梭提出的。卢梭提出这样一个观念：在一定意义上，个人的自我是国家或共同体。按照卢梭的辩护路径，国家和我是不可分割的，赋予国家以生命的公共意志就是我自己的意志。卢梭的观点允许我等同于国家，而如果我是国家，那么，国家在我之上的权力就仅仅是我对我自己行使的权力。

另一条辩护路径是康德提出的。康德认为，我们的真正的或“更高级的”自我是“理性”，但是，如果我们等同于理性，我们就要按理性的命令行事。如果我们不遵循理性的命令，其他人可能有权利强迫我们这么做，因为这种强迫并不侵犯我们对我们自己的“主权”，这种强迫的目的在于让我们做我们的“真正的”自我想要做的事情。

按照卢梭和康德的策略，有可能使洛克对自由的刻画倒转过来。洛克派不仅认同他们的道德感，而且认同他们的整个欲望体系，所以，自我实现就是追求他们自己的幸福梦想。而他们的幸福梦想受制于他们自己对道德法则的理解，即对自然法则的理解。他们“在否定的意义上”把自由理解为，他们的这种实现自我的努力不受他人干预。但是，一旦我们像卢梭所要求的那样认同国家，或者像康德所要求的那样认同理性，那么，就有可能“在肯定的意义上”，把自由理解为成功地把“真正的”自我的意志强加在洛克式的个人之上。按照这两种辩护路径，用卢梭的话说，那些抵制“真正的”自我之意志的人，“可以被强迫成为自由的人”。而在洛克派看来，这种强迫的自由是不可理解的。

在黑格尔那里以及在深受黑格尔影响的英国唯心论者布拉德雷那里，这两种辩护策略被结合在一起，其力量变得尤其强大。黑格尔鼓励我们把自己等同于“精神”，这个精神既是理性又是被称为国家的公共有机体。黑格尔认为，仅仅在我们参与国家事务的意义上说，我们是真实的，能够自我实现，并且国家作为整体对于作为部分的家庭和个人而言具有绝对的权力。按照黑格尔的看法，与国家相比较，个性、平等、个人权利都不那么重要。

从以上论述可以看出，罗尔斯接受柏拉图的“良序社会”思想和关于正义的理想性质的看法，接受亚里士多德的“国家的目的在于促进公民获得良善生活”的思想，吸收霍布斯和洛克的契约论思想，而密尔的功利主义正义观则成为他批评的对象。如果我们按照前面的有关五种类型正义观的论述，我们大致可以说，罗尔斯是一个权利主义者、平等主义者，也是一个利己主义者，但他不是功利主义者和共同体主义者。罗尔斯在正义理论上的一个重要贡献就是，把各种正义观中的合理因素都综合到他的一组正义原则中，从而成为各种正义理论的集大成者。

四、社会契约论：从原初状态到正义社会

我们前面已经讨论过罗尔斯的两个正义原则，那么，这两个原则是从何而来的？为什么我们有义务遵守这两个原则？对于这两个问题，罗尔斯承袭社会契约论传统，试图从他所设计

的“原初状态”中，推出两个正义原则，从而把他的两个正义原则置于更为坚实的基础之上，使其获得强有力的支撑和证明。

罗尔斯在《正义论》的序言中就说他“一直试图进一步概括洛克、卢梭和康德所代表的传统社会契约理论，使之上升到一种更高的抽象水平”。近代契约论是近代思想家用以解释国家或政府之合法性的理论工具，它以君权人授论来对抗君权神授论，认为君主或政府权力的合法性不是来自神的授权，而是来自臣民或公民的约定或契约，来自他们的授权，因此，从历史作用看，它有反对封建君主的肆意权力、要求保障人们的生命和财产安全等基本权利的进步意义。

罗尔斯改造传统社会契约论的目的是，他可以从经他改造过的社会契约论中推导出他的社会正义原则，所以说，在他的正义理论中，社会契约理论主要是一种论证的手段或方法。有学者指出，罗尔斯所谓要使传统的社会契约论“上升到一种更高的抽象水平”的主要含义是：在传统的社会契约论中，建立契约的目的乃是建立政治组织，契约的内容是人与人之间达成的建立政府的协议，而罗尔斯的契约论中的立约者目的是建立一套道德原则（正义原则），契约的内容并非建立政府而是一组道德原则，但这组道德原则或正义原则正是建国立宪的基础，契约的内容从建立政府到作为建国立宪之基础的原则，无疑是抽象程度的提升。罗尔斯在《正义论》的“制度篇”中根据美国宪法及其创建史谈到道德原则以及宪法四个阶段的顺序。首先是正义原则的建立，这是最抽象的哲学原则；其次是宪法的制定，它的根据是正义原则；再其次是立法阶段，这是国会的工作，国会立的法不能与宪法冲突；最后是对具体政策的制定以及具体个案的裁判。罗尔斯所谓提升抽象层次指的就是，契约的对象由第二阶段推到第一阶段。

当然，也有学者指出，近代社会契约论有一个致命的弱点，即作为其出发点的自然状态具有非现实性，并因此遭到人们的批评，而罗尔斯提升社会契约论的“抽象水平”的目的在于摆脱这个弱点。人们常常指责说，历史上从没有存在过自然状态，也没有实际达成过什么契约，契约论是一种想象的产物。罗尔斯明确把原初状态看作一种“假设的状态”，看作一个思想实验，这有助于它摆脱非现实性的指责。

自然状态是近代社会契约论的起点，因为契约论的一个主要任务是为国家或政府的建立提供理论依据，它必须先描绘或构想前政治的社会状态的缺陷或不方便之处，以此说明建立国家或政府的必要性。尽管也有近代思想家把自然状态看作文明社会之前真实存在过的人类社会状态，但后来多数学者认为，自然状态恐怕不是历史上实际存在过的状态，而主要是理论家构想的产物，是理论家所设想的在没有国家或政府的情况下会出现的一种社会状态。

近代英国哲学家霍布斯对自然状态的描述最为生动。他认为在没有一个共同权力使大家慑服的自然状态下，竞争、猜疑以及荣誉感使人们处于一种一切人反对一切人的战争状态，人们不断处于暴力死亡的恐惧和危险中。霍布斯对自然状态的描述，恐怕受到野生动物世界的启发，我们在野生动物世界中确实可以观察到类似的情景。这种自然状态对任何人都不利，弱者固不待言，即使是强者，也必须随时警惕他人的偷袭。好在人有理性，理性告诉人们，最好的办法是大家合作建立起一套大家都愿意遵守的规则，这样就可以由前社会状态进入社会状态。这种办法对大家都是有利的，用现在流行的博弈论的话说，建立社会乃是一种非零和游戏。

尽管所有近代契约论的起点都是自然状态，但是每个契约论对于自然状态都有不同的描述和规定。其原因首先在于自然状态概念不可能涵盖一切自然事态，自然事态是无穷无尽的，我们不可能把它们全都纳入自然状态概念之中。另外，各个契约论都有其各自的目的，因此，每个理论都会把相关的事态纳入它对自然状态的描述之中，而对不相关的事态则弃之不顾。所以，每个契约论者在建构理论时，都必须对可能的事态进行选择，把他认为最相关和最主要的条件挑选出来。这就是对自然状态的描述和解释。这种描述包括对立约者的动机、信仰和知识等主观条件的描述和对立约者所处的物质条件等客观世界情况的描述。

罗尔斯的理论也是从自然状态出发的。他把他自己对自然状态的解释称作“原初状态”（the original position），并且他明确指出这是一个“假设的状态”，是他从中引出正义原则的出发点。那么，罗尔斯到底是如何设计他的“原初状态”的？在这里，他使用的是“反思的平衡”方法。罗尔斯所要建立的是正义理论，当他设计自然状态时，他自然会把与正义观点无关的因素排除出去，而只选择与之有关的事实。但是，我们怎样才能知道哪些因素是相关的，哪些因素是不相关的呢？为此，罗尔斯提出一个重要概念，即“深思熟虑的判断”（considered judgments）。每个心智正常的人，当他的理性发展到一定的程度时，在适当的情况下，都会对人对事，甚至对社会制度等，作出某种道德判断。我们每个人日常都有这种经验。但是，在作这种判断时，我们常常只是凭借直觉，可能并没有什么理论依据。如果这些判断是我们在心平气和时经过仔细考虑之后作出的，并且我们个人的利益也不牵涉其中，那么，它们就是“深思熟虑的判断”。只是在这些判断并不以某一个系统性的道德理论为基础这个意义上说，它们是直觉判断。例如，尽管一般人在深思熟虑之后都会承认“奴隶制是不道德的”“滥杀无辜在道德上是极大的罪恶”等命题的正确性，但人们通常不是依据系统性的道德理论而得出这样的结论。那么，这些深思熟虑的判断在我们建立理论时到底起到什么作用呢？罗尔斯认为，它们的作用就是给我们的理论建构提供一个出发点。我们可以把这些深思熟虑的判断视为暂时性的定点，然后看看从什么样的原初状态条件中可以推出与这些暂时性的定点相符合的判断。这里的所谓“相符合”的意思是，从原初状态中推导出来的正义原则与我们那些深思熟虑的判断是一致的。但是，怎样才可以说两者是“一致的”？当我们用这些推导出来的原则来对某一个道德事实进行判断时，我们所得到的结论就是一个根据这个原则所下的道德判断。如果这个判断与我们那些不凭借理论所下的判断是一样的，则两者是一致的。罗尔斯把这种相符合的情况称作“平衡”。但是，事实上两者很难在一开始时就完全相符。在碰到不相符合的情况时，我们有两个选择。一种情况是修正自然状态中的条件以及从中推出的正义原则，以使它们能与深思熟虑的判断相符合。另一种情况是，如果我们对从自然状态推出的正义原则很有信心，也可以修正那些直觉给予我们的深思熟虑的判断，以期达到两者相符的目的。我们有时候需要修改自然状态的条件及其从中推出的正义原则，有时候需要修改深思熟虑的判断，这样来回修正，直到两者完全相符。这个时候所达到的就是反思的平衡（reflective equilibrium）。由于原则（或对自然状态的描述）与深思熟虑的判断完全一致，所以它是一种平衡。同时，由于这种平衡是经过对各种理论的考虑之后达到的，因此它又是反思的。反思后达到的平衡就是给我们所建立的原则提供辩护的一种理由。

罗尔斯正是通过这种“反思的平衡”方法设计出他的“原初状态”，这个状态包括对立约者的主观方面条件和客观方面条件的描述。所谓主观方面条件是对立约者本身的描述，包括立约者有什么样的知识和信仰、他们参与立约的动机是什么以及他们在立约时心中所想获得的具体东西等。所谓客观方面条件是对立约者所处的环境的描述。

主观条件

（1）从动机上看，立约者是自利的，他们完全缺乏利他的动机。他们参与契约的订立完全是考虑自身的利益，别人的利益不在他们考虑的范围之内。由于自然状态对于每个人都是不利的，而契约的订立是一种总值非零和游戏，所以，立约者才来参与这个契约的订立。如果原初状态对于某些人的利益比契约的订立要大，则他们不会来参与这项立约活动。

（2）从知识和信仰上看，立约者被一层“无知之幕”所遮蔽。这层“无知之幕”使他们不知道自己的信仰、兴趣、能力、倾向、性别等，甚至不知道自己是谁，也不知道自己具体的人生计划是什么。他所具有的只是普遍的知识及原则，比如政治、心理和经济等理论中的普遍原则。

（3）从行为倾向看，立约者是有理性的。石元康教授认为，这里的理性概念是现代的经济理论和社会理论所采用的理性概念。它有“工具理性”“经济理性”等不同名称，著名社会学家韦伯称之为“目的性理性”。它与传统的理性概念或康德的实践理性概念有很大的不同。根据这种工具理性概念，一个理性的人会采取如下三项行事原则。一是以最有效的手段达到目的的原则。如果 A 行为和 B 行为都可以达到同一个目的，而 A 行为所花费的代价较小，则一个理性的人会采取 A 行为，而不是B行为。二是包含性原则。如果做A与B两件事情，A能够达成一些B所能达成的目的之外的目的，而B却不能达成A所能达成的目的之外的任何目的，则一个理性的人会做A而不是B。三是概率较高原则。A与B两项行为所能达成的目的差不多，即它们所能给我们带来的满足差不多，但是完成A的概率比完成B的概率高，则一个理性的人会做A，而不是B。

不过，罗尔斯的理性概念与现代经济理论中的理性概念有一个重要的差异，即他假定立约者是不会嫉妒的。一个嫉妒的人看到别人比自己的处境好或者拥有的东西比自己多，就无法忍受，即使这种不平等并非建立在不公正之上也是如此。一个有理性的人则不会如此。

（4）立约者都希望尽可能多地获得"基本善"。由于无知之幕的限制，立约者对于自己的兴趣及人生计划都一无所知，那么他们在谈判时想要获得的是什么呢？如果在谈判时他们连自己要什么都不知道，那么谈判就无从谈起。他们参加订约时的动机虽然纯粹是自利的，但是当一个自利的人不知道自己要的是什么的时候，他也就不知道该如何去为自己争取利益。这是"无知之幕"的设计给罗尔斯带来的理论困境。罗尔斯提出"基本善"理论的目的就在于摆脱这个困境。基本善乃是像权利、自由、收入、财富、机会、自尊等对于任何一种人生计划都有用的东西，无论你想从事学术活动，还是从事商业活动，甚至是出家当和尚，基本善都是你所不可缺少的。尽管在现实中有些人生计划所需要的基本善比别的人生计划要少，但在罗尔斯的设计中，立约者都希望尽可能多地获得基本善，只是在解除无知之幕返回社会后，有些人可以放弃部分的东西。"基本善"理论的建立，使得立约者能够在谈判时知道什么东西是自己所要的以及什么东西是对自己有利的。

客观条件

客观条件方面主要是有关世界物质资源问题，以及立约者之间合作的可能性问题。在现实世界中，自然资源是有限的，不可能让每个人所有的欲望都得到满足。如果每个人所有的欲望都可以得到满足，那么立约者之间就没有合作的必要。同时，资源也不是匮乏到使合作成为不可能的地步。由于订立契约乃是非零和游戏，合作对大家都有好处，而立约者的动机正是想要获得更多的好处，这就使契约的订立成为既必需又可能。

对于上述的诸多主客观条件，罗尔斯所强调的是，人的自利性以及物质之有限性。这两个条件的同时出现，就是罗尔斯所谓“正义的环境”。只有在这种环境中才会有分配正义问题的产生。同时，罗尔斯对于上述主客观条件的每一个规定，都给出一定的支持理由。我们这里主要讨论他关于人的自利动机和无知之幕这两项规定。关于罗尔斯为什么要把订约者的动机规定为自利的，主要是由于他想用较弱的假设。正是由于立约者本身的动机完全是自利的，我们才需要建立一套道德原则来规范他们的自利行为，如果假设立约者已经接受某种道德原则或者是已有某种道德动机的话，那么就没有立约的必要性。实际上，现代西方的政治思想和制度设计的高明之处就在于假定人是合理自利的，然后在这个假定的基础上看看能否建立一套制度，对人的合理自利进行规范引导，使之服务于公众利益。亚当·斯密的关于无形之手的理论以及美国立国的政治理论，都是建基在这种人性论之上的。

有研究者认为，罗尔斯设立“无知之幕”的目的在于，让任何人都无法在原初状态中占任何便宜。因为如果立约者了解自己的兴趣、能力和性别等具体条件，那么他们就可以提出一些对自己有利的原则，而一旦这些知识被剥夺，他们就无法做到这一点。有人认为建立或选择道德原则是应该在有充分知识的情况下才能进行的，因此，“无知之幕”对于立约者所作的知识上的限制是不能接受的。但是，罗尔斯的目的是要建立一套道德理论，“无知之幕”的作用就是要勾画出一个道德的观点，就是要将从道德的观点看来不相干的消息和知识全部排除掉，从这个角度看，“无知之幕”的设计是合理的。

在原初状态中，每个人都是自由的，并且所有立约者之间是平等的。这里所谓的自由是指立约者可以提出任何他认为大家应该采纳的原则作为分配原则，在提出原则这点上没有任何人可对别人加以限制；而人与人之间平等指的是没有任何人在这个状态中比别人占便宜，同时每个人对别人提出的原则都有否决的权利。因此，这个契约只有在无异议的情况下才能通过。由于大家都是自由的而且彼此之间是平等的，因此这个出发点对大家都是公平的，没有人可以用任何方式取得任何比别人有利的地位。正义就是建立在这个公平的基础上的，因而罗尔斯把自己的正义观念称作“公平的正义”，即以公平为特征的正义。

在原初状态中，立约者所面临的是一个合理的选择问题。借助原初状态这个设计，罗尔斯把对道德原则的选择这个复杂的问题转为一个合理的选择问题。在进行道德原则选择时，没有什么东西可作为我们的指导，我们常常只能借助直观，而在进行合理的选择时，却有一些原则或规则可以给我们指导。合理选择的结果就是正义的原则。我们可以给这个选择提供许多答案，但有些答案显然是不能被大家接受的。例如，女性无权参加政治，这个答案甚至可能也没有人会提出。罗尔斯认为，在众多的答案中，我们所需要考虑的是传统上所出现过的一些原则。当然，或许将来的某一天我们会找到比现在所能找到的都要好的答案，但那是将来的事情，我们现在只能做我们目前能够做的事情。在诸多的答案中，他认为立约者会选择他所提出的两个原则作为分配正义的原则，而且，他认为原初状态和作这项选择之间的关系是一种演绎的关系。

关于这两个原则的内容以及罗尔斯对这两个原则的解释，我们在前一个部分已经有较为详尽的论述。这里所要处理的问题是，罗尔斯如何从原初状态推导出这两个原则。罗尔斯所采取的主要是契约论的方法，这个方法的要旨是：一组道德原则之所以有效，乃是由于它是由自律的个人所同意的结果。在对于某些原则给予同意时，没有人是被迫的，任何原则都不是被强加在接受该原则的人之上的。契约本身就是道德原则有效性的保证。原初状态所描述的正是这样一种契约的情境。立约者所面临的是一个选择的问题，他们所必须做的是选出一组原则作为分配的标准以及社会结构的组织原则。如果这个选择问题有一个答案，那么我们可以说这个答案是奠基在契约这个概念上的。而这个根本的契约就是证明这组原则成立的依据。

讨论分配正义问题时，最困难的地方就在于我们不知道什么样的分配是正义的。如果我们知道什么样的分配是正义的，则剩下的问题就是如何达成这种正义的技术性问题。由于我们不知道什么样的分配才是正义的，因此，这里的正义概念只能是纯粹的程序正义。要理解纯粹的程序正义概念，最好将它和其他两个正义概念作对比。它们就是完善的程序正义概念和不完善的程序正义概念。完善的程序正义指的是，我们知道什么样的结果是正义的，同时又有可以达到这个结果的一套方法。

比如，有五个人要分一块蛋糕，假定他们都同意把这块蛋糕平分为五份，那么，达到这一结果的办法是让分蛋糕者最后取蛋糕。这个分蛋糕者将会尽可能平等地划分这块蛋糕，因为这样才能确保自己得到可能最大的一份。这个例子是既有程序也有判定结果的标准。其标准是人人均分，其程序是让分的人最后拿他应得的那一份，这个程序能够保证结果的公平。这就是完善的程序正义。

不完善的程序正义指的是，我们知道什么结果是正义的，但是却不能设计出达到这个结果的可靠程序。不完善的程序正义最明显的例子是刑事审判。在刑事审判中，公正的结果就是有罪的人被定为有罪，无罪的人被释放。但是，我们却没有一套万全的程序可以准确无误地把我们引向这个结果，以致有可能出现这种情况：一个无罪的人被判作有罪，一个有罪的人却逍遥法外。

纯粹的程序正义是指，我们不知道什么结果是公正的，并且我们没有一个客观的标准可以规定什么样的结果是公正的，但是，我们却可以遵循一套公平的程序。遵循这套程序，无论得到什么结果都是公正的。罗尔斯以赌博为例来说明纯粹的程序正义。在公平（所谓公平的赌博就是指参与者是自愿的、没有人欺骗的和所有参与者的输赢总和为零的赌博）的赌博中，任何结果都可能产生，但是只要参与者遵循赌博的程序，则任何结果都是公平的。

在推导和确证正义原则时，罗尔斯的原初状态所采用的就是纯粹程序正义概念。我们不知道什么是正义的原则，但是却能够设计一套程序，如果遵循这套程序能得出一组原则，那么，这组原则就是正义的原则。罗尔斯认为，按照他的程序设计，原初状态的立约者会从几组不同的正义原则中，选出他的两个正义原则作为社会基本结构的组织原则。

首先，立约者会选择他的第一个原则，即最大的平等自由原则。因为大家都希望得到最高程度的自由以及最多的权利，同时，大家也不希望别人的自由和权利比自己多，因此，解决的办法就是大家都有相等的最高度自由。在这里，我们需要注意的是，立约者都是自利者，他们选择大家有平等的自由并非出于道德的动机，也就是说，并非由于他们是基本的权利，如果分配不平等的话，从道德的观点来看是不可接受的，他们才作出这项选择。他们选择平等的最高自由以及权利乃是由于怕自己在离开原初状态回到社会后会吃亏。因为，如果他们允许某些人的基本权利比别人多的话，例如，财富在一百万美元以上的人享有的基本权利比财富少于一百万美元的人享有的基本权利要多一些，由于他们并不知道自己的财富有多少，他们在回到社会后的财富很可能会在一百万美元以下，因而也就享有较少的权利，这对他们是不利的。正是由于无知之幕的作用，使得大家都不敢冒这个风险，所以，大家会毫无异议地接受第一个原则。

上述推理同样适用于物质和社会地位的分配。立约者开始也会选择一个在经济、社会及其他非基本权利上的平均分配原则，每个人都得到一样多的经济利益。但是由于他们是纯粹的自利者，在原初状态中，他们所想要的是罗尔斯所谓的基本善，而且对他们而言，拥有越多的基本善越好，因此，他们会想，如果有一种不平等的分配使大家受益的话，则这种不平等应该是被允许的。我们可以用以下图表来表示这个推理。

	X1	X2
A	8	10
B	8	13

X1 与 X2 是两种不同的分配情况，A 与 B 是两个人，表中的数字表示基本善单位。在 X1 中，A 与 B 都拥有 8 个单位基本善，在 X2 中，A 拥有 10 个单位，而 B 拥有 13 个单位。A 与 B 都会想，如果他们有可能由 X1 进入 X2，则这样的转变对大家都有利，立约者 A 不会因为 B 比自己拥有更多的基本善而嫉妒，理性会告诉他们，X2 要比 X1 更好，他们没有理由停留在 X1，而不选择 X2。立约者们会想，我们可以把这种不平等看作一种投资，这种投资可以给我们带来更大的利益。由于人的天生才能是不同的，如果允许才能较高者得到较多一点基本善，则这种报酬可以被视为引发那些才能较高者去发挥自己潜力的一个诱惑。当然，这种不平等的分配也要给才能较低的人带来一定的好处。罗尔斯认为，要求分配结果的平等有时候可能是由嫉妒心引起的，但是嫉妒心对大家都没有好处，因此，他假定原初状态的立约者是理性的，没有嫉妒心的。正是由于上述的理由，立约者的理性告诉他们，不要停留在平等分配这个原初所接受的原则，而选择差异原则。

前面我们已经谈到，罗尔斯在对正义原则的最终表述中，把原先的第二个原则中的“对所有人都有利”改为对“给处于最不利地位的社会成员带来最大的利益”。这个修正的理由是，在原初状态中，由于无知之幕的作用，每个人有关自己的知识极为有限，无法估计自己在离开原初状态回到社会后所能占据的社会地位，故只能作出保守的选择。假如他有足够的信息能够计算出自己成为某个阶层成员的概率，比如，他计算出自己成为统治阶级成员的概率是 70%，那么，很显然，他会选择最有利于统治阶级的原则。正是由于缺乏信息导致他无法计算这种概率，迫使他采取保守的态度，这个保守的态度导致他选择罗尔斯的差异原则。罗尔斯强调，在不确定的情况下作选择，最明智的办法是采取最大的最小值（Maximin）规则作为指导。当我们有几个不同的选择时，最大的最小值规则告诉我们所应该作的选择是，它的最坏后果比别的选择的最坏的后果要好。罗尔斯用列表的方法来说明这种选择。

	C1	C2	C3
D1	−7	8	12
D2	−8	7	14
D3	5	6	8

在这个表中，D1、D2、D3 表示不同的选择，C1、C2、C3 则表示可能出现的境况。如果我们选择 D1，最坏的情况出现时我们可能损失七百元，而最好的情况出现时，我们可以得到一千二百元。D2、D3 的情况可以类推。最大的最小值规则告诉我们，当面临这样的一个选择情境时，我们应该选择 D3，因为在 D3 境况中，即使最坏的情况出现，我们还能赚五百元，虽然最好的情况出现时，我们只能赚八百元。用我们中国人较容易理解的话来说，这个推理就是：理性的人在不确定性中所作的选择必定是保守的选择，即“数害相权取其最轻者”。

由于无知之幕的作用，在原初状态中采取最大的最小值规则是最合理的选择，而这个规则引导我们选择差异原则。如果我们选择效率原则，虽然我们可能获得更大的利益，但也可能遭受更悲惨的后果。在这里，我们可以用一个假定的例子来说明这种选择的合理性。假定现在有两个社会可供选择，一个是早期的自由资本主义社会，一个是现代北欧的福利社会。在早期的资本主义社会，有些人可以“自由地”赚取大量财富，所承担的社会责任较小，所缴纳的税额较低，但有些人则可能坠入极端贫困的深渊，就连基本的生活也没有任何保障。但是，在当今的北欧福利社会中，虽然也存在社会不平等，但不平等的程度要小，富裕者固然富裕，但要承担很高的税负，贫困者靠出卖劳力也可以获得维持体面生活的工资，还可以享受到较好的社会保障和社会福利。假定一个人有关自己的知识很完全，同时对两个社会各阶层的百分比也知道得很清楚，他可能就会计算，他在社会中成为资本家或富人的概率如何，做工人或陷入贫困的概率如何，然后再根据这些概率作出到底要生活在哪个社会的选择。但是，原初状态中的立约者由于缺乏应有的信息，没有办法计算这种概率。在这种情况下，其最合理的选择就应该是根据最大的最小值规则作出的选择。作选择者会想，如果他选择生活在早期的自由资本主义社会中，从逻辑上看，他有可能成为“自由的”资本家，自由地积累财富，实现财富最大化，而无须承担多少社会责任，但他也有可能陷入赤贫的境地；如果他选择生活在现代北欧的福利社会的话，他也有可能成为富有的资本家，只是在财富的追求和积累上略受限制，不那么自由，即要多承担相应的社会责任，但是就可能出现的最坏处境看，他也不至于陷入连最基本生活也没有任何保障的悲惨境地。由于选择者缺乏必要的信息，无法计算出现这些情况的相对概率，在这种情况下，最合理的选择当然是“两害相权取其轻者”，即选择现代北欧的福利社会。罗尔斯的原初状态的立约者所作的推理就是这样的推理，这个推理的结果就是选择差异原则。这个原则的含义就是，不平等只有在对处于最不利地位的人有利的情况下才能被允许。

五、平等论自由主义：把新自由主义推向新阶段

从大的思想背景看，罗尔斯的正义理论隶属于西方自由主义思想传统，因而我们还需要把它放在自由主义发展的历史背

景中加以理解。在讨论《正义论》的历史背景时，人们通常注意的是它的直接社会背景，即二十世纪六七十年代美国政治和社会的动荡，但笔者认为，更应该把罗尔斯的自由主义放在第一和第二次世界大战以来的社会背景下加以理解，即放在新自由主义背景下加以理解。只有从这个大背景下理解，我们才能把罗尔斯的“政治自由主义”和“有限的经济自由主义”的结合看作对新自由主义的重大推进。

自近代以来，自由主义在西方国家的政治思想中一直占据主流地位。作为一种以自由为命名基础的“主义”，自由主义的首要关怀自然是个人自由的维护问题。然而，对于如何维护个人自由，在自由主义阵营内部存在着严重的分歧。大致说来，以洛克、孟德斯鸠、亚当·斯密、贡斯当、托克维尔、威廉·冯·洪堡等人为代表的古典自由主义持“消极的自由”观，认为自由乃是外界障碍不存在的状态，维护个人自由的关键是尽可能减少外界障碍，特别是减少国家或政府对经济活动和社会生活的干预，防止政府滥用权力，侵害个人的各种自由权利。19 世纪末以后，以格林、霍布豪斯、杜威、凯恩斯等人为代表的新自由主义则持“积极的自由”观，认为自由乃是意味着自主和自立，个人自由的维护不仅在于消极地摆脱限制，更在于获得自由地去做某种事情的能力，而国家必须担负起增进个人能力之职责，尤其是要干预经济活动，构建福利社会，以使个人有更好地行使自由的能力。

19 世纪 70 年代，英国经济危机严重，社会矛盾重重。为缓和社会矛盾，维护资本主义制度下的个人自由，英国新黑格尔主义派哲学家、政治思想家、伦理学家 T. H. 格林（1836~1882）首先提出了既坚持英国自由主义传统，又实施国家干预，充分发挥国家作用的新理论。格林的政治思想以道德学说为基础，他认为人是道德的存在物，人追求道德善，道德善在本质上是社会成员的共同善。国家不仅可以为个人实现道德善创造必要的条件，为全体成员的共同善提供保证，而且能够抑制某些个人对共同善的损害，为道德发展扫除障碍。

正是基于这种道德学说，格林对传统的自由概念作出新的解释。他认为自由是一种积极的力量或能力，人们依靠这种力量去做值得做的事或享有值得享有的东西。自由不仅仅是个人不受国家与社会的压制和奴役，更重要的是积极主动地发挥自己的能力，这才是新时期英国人应当实现的最理想的自由。格林反对以国家权力的减弱程度作为判断个人自由增长与否的标准，主张国家发挥积极的、主动的作用。他认为只有增强国家权力，扩大国家干预范围，压制可能侵害个人自由的行为，才能促进个人能力的发挥和自由的增长，因此，国家干预是十分必要的。他认为，人们对国家限制的忍受乃是实现“真正自由的第一步”。

格林把人的权利视为国家与社会对其成员的一种承认和让步。权利不是天赋的，脱离国家的个人根本不存在任何权利，他主张个人服从国家，个人要承担政治义务，国家中的每个成员对国家负有不可推脱的责任。格林一反以往自由主义传统，以政府干涉式的自由代替放任式的自由，成为英国新自由主义政治思想的先驱。

19 世纪 90 年代以后，英国自由党内外很多自称“集体主义者”的激进知识分子，主张建立平等、合作的新社会，要求国家在减少日益严重的失业和贫困现象中发挥决定性作用。他们从格林的著作中寻找行动的理论依据。“新自由主义”成为他们所推崇的理论的代名词。最早的新自由主义者代表人物多为牛津大学的教授、学者和研究人员。20 世纪初，新自由主义逐渐成为英国官方政策的重要基础，其影响遍及英伦三岛并扩展到西欧，引起西方政治思想和政治实践的深刻变化。在自由主义发展史上，这是从古典自由主义向新自由主义转化的开端。所谓新自由主义，也被称作“现代自由主义”或“社会自由主义”，其“新”在于，与古典自由主义相比，它主张政府对经济进行广泛管理和部分干涉，强调应该提高社会弱势群体和贫困成员的自由。

英国新自由主义政治理论的另一个代表人物是政治思想家、哲学家、社会学家霍布豪斯（1864~1929）。霍布豪斯赞同消极自由与积极自由的划分，主张变消极自由为积极自由。他认为自由与平等并行不悖，自由以平等为基础，不仅法律面前应当人人平等，机会面前也应人人平等，而建立在不平等之上的自由只会导致特权。他承认私有财产的多寡决定个人享有自由的程度，财产权是自由的重要基础，但他不主张人们经济地位的平等。他注重自由的社会意义，强调自由的社会整体性，认为在恶劣的生产和生活条件下，人不会有政治上的充分自由，在国际社会中具有畏惧感或使他国畏惧的国家也没有真正的自由。他坚持国家应积极广泛地干预政治、经济、教育等活动，提供广泛的公共福利，并以有效的改革措施为发展自由提供更多、更有利的社会条件和环境。为此，他呼吁实行广泛的成人选举权，扩大公共教育，制订充分就业计划，规定最低收入标准，推行失业、养老、疾病等各类保险，扶助贫者和弱者。不过，他对国家权力的扩大又心怀疑虑，担心产生新的官僚统治，造成对个人自由的新威胁。

霍布豪斯强调社会和谐，认为和谐是生活的目的，也是生活的条件，社会依靠和谐减少冲突和危机，维持自身稳定。他认为社会成员不仅是和谐的接受者，更应是贡献者，他们必须履行公民的社会责任，互助合作，力促联合统一。霍布豪斯提倡国家实行“混合经济”，在国家控制和自由竞争的前提下，把私人经济与公共利益相混合，促进社会发展。

在美国，尽管在独立战争后，古典自由主义原则在现实的政治中得到明显体现，但是随着各种政治、经济、社会矛盾的复杂化，违背古典自由主义原则的趋势也不断出现。譬如，在联邦党人掌权时期，古典自由主义传统的自由放任和个人主义被汉弥尔顿提倡的经济国家主义取代；在杰克逊总统时期（1829~1837），在“杰克逊民主”下出现的“多数人暴政”，严重违背了古典自由主义传统；美国内战时期，奴隶制构成对自由主义的直接挑战，而内战后不断增长的国家主义，进一步削弱了古典自由主义传统的个人主义和不要政府干涉的原则。到19世纪末，自由主义不仅面临国家主义的威胁，同时还面临工业化、都市化和国外移民带来的新价值观的挑战，而20世纪初席卷美国的“进步运动”的一些具体做法，如扩大政府干预的权限，增加社会福利项目等，也有悖于古典自由主义传统。

美国的新自由主义理论开始于20世纪早期，其先驱人物有韦尔、克罗利和杜威。韦尔在1912年提出，以旧的个人主义为基础的古典自由主义信条已经成为社会发展的障碍，因为它无视社会中的不平等的发展，以“不干预”作为准则，其结果只能导致国家在政治上的软弱无能和社会的破产。20世纪的人们所期待的，不再是返回杰斐逊时代的“小政府”下的田园牧歌生活，而是以公共的善为目的，把控制个人财富的行动扩大到整个联邦领域。因此，新的个人主义应该更强调社会伦理而不是个人道德，更强调社会责任而不是个人责任。

克罗利极力主张扩大中央政府权力来保卫“国家的善”，中央政府要成为积极从事“国家行为”的高效率组织，它应当被赋予足够的干涉权力。他认为，在美国这块传统自由主义的土地上，现在需要一种汉弥尔顿式的中央集权制，美国自由主义的发展已经进入“新汉弥尔顿时期”，其最终目的是“个人的完全解放”，个人解放实现的程度则取决于个人的无偏私程度，即个人利益与社会利益的融合状况，个人可以更好地关心个人的实现和美德，然而个人利益在实质上应当是社会的、集体的利益。

韦尔和克罗利是美国最早明确表述新自由主义原则的思想家。他们从美国现实出发，主张扩大国家干涉权力，为实现个人自由而强调公共利益，强调个人利益与公共利益的和谐，而这种和谐又取决于人们的公正行为，取决于共同的社会理想。他们的新自由主义观点极大地影响并促进了政府先后推行的“新国家主义”和“新自由”政策。

在新自由主义思想指导下，美国开始了广泛的社会改革：恢复民主政治，扩大中央权力，控制国家经济，重新分配利润，消除贫困现象。威尔逊总统以“新自由”为口号，号召把个人从各种形式的专制暴政下解放出来，从大企业过分控制下解放出来，结束少数人支配经济的特权，给每个公民以公平的机会。他注意增进普遍福利，重视以国家立法为更美好的生活创造条件。新自由运动促进了美国政治经济的发展，展示了新自由主义的巨大力量。

然而，20 世纪 30 年代席卷资本主义世界的经济危机使美国首当其冲，工业生产和国民收入大幅下降，银行大量破产，失业工人剧增，整个国家经济濒临崩溃。这一时期捍卫新自由主义原则的主要代表是实用主义哲学家约翰·杜威。杜威反对 19 世纪自由放任的个人主义和自由主义，认为它开始时曾给予每个人以新的机会和自由，现在却变成压制大多数人的东西，它不仅破坏了真正的机会平等，也破坏了大多数人的自由。他主张新个人主义和新自由主义，把社会控制特别是对经济力量的控制，看成是促进个人解放和保证个人自由的必要条件，要求用积极的自由取代消极的自由，即用发展个人潜在能力并为社会作出贡献的自由，代替在不妨害他人同等权利的条件下为所欲为的自由。杜威的“积极的自由”主张，对西方从自由放任政策向强调国家干预的新自由主义政策转变起了促进作用。

为了消除经济危机以及随之而起的政治动乱，富兰克林·罗斯福执政后推行“新政”，加强国家资本主义的发展，通过对经济社会活动的全面而强有力的干预，创建了一种有控制的资本主义制度。罗斯福主张，个人自由不仅应当受到保护，还要有所发展，国家干预正是为保护和发展个人自由创造条件。“自由得以继续存在的唯一确实的屏障，就是一个坚强得足以保卫人民利益的政府，以及坚强而又充分了解情况足以对政府保持至高无上统治的人民”。为了建立起一个使人民“免除恐惧和饥饿”的政府，国家要限制过分的自由竞争，控制垄断，消除特权，更公平地分配国民收入，稳定物价和工资。为了保护社会的整体利益，必须救济失业，提供就业机会，缩短工时，规定最低工资，振兴公共事业，设置养老基金，为老人、病人、儿童和盲人提供生活必需品。

英国著名经济学家凯恩斯是继霍布豪斯之后英国新自由主义思想的最重要的代表人物。他在道德哲学和政治哲学上受著名的剑桥哲学家穆尔的伦理学思想影响。穆尔的《伦理学原理》要求人们研究世界中的一切可能的善，并思考有助于增加世界中的善的数量的一切有效的手段，追求更多的善和更加美好的社会。受这个观点影响，凯恩斯认为无论是经济和政治都是手段，都要服务于这个“求善”的伦理目标，经济学和政治学都是为伦理学服务的。凯恩斯的国家干预经济和福利国家的设想都与他的这个伦理理念有关。尽管经济学和伦理学是不同的学科，但是在凯恩斯的思想框架中，它们是亲密的伙伴，它们都是凯恩斯分析社会和政治问题的两把主要利器。从哲学上看，经济学的职责是服务于伦理学这门更高的学科，它的任务是尽可能多地促成内在的善的实现。凯恩斯的最终目标是一个有意识地朝向更高层次之善的“伦理上合理的社会”的成长，而经济学同其他社会科学一样，是达到这个目的的工具。因而凯恩斯的思想并非狭隘地限制于总供给和总需求管理这个经济目标，而是包含更加广泛得多的关于伦理上满足的社会以及我们可能如何向这个理想社会进发的构想。正是在这种伦理理念的指导下，凯恩斯勇于突破传统的自由主义理念，提出国家干预经济的设想，使经济这个手段更好地服务于他的“伦理上合理的社会”这个理念。

总之，由于罗斯福“新政”的推行和凯恩斯的国家干预主义的崛起，新自由主义原则在 20 世纪 30 年代后声名大振。罗斯福在经济领域和社会生活中加强国家干预的决策，促使美国经济走出经济危机的低谷并迅速复兴，社会生活也得到稳定发展，美国资本主义取得前所未有的重大成就。新自由主义保证了美国资本主义的发展，美国的发展又扩大了新自由主义在北美和欧洲的影响，使新自由主义终于成为席卷整个西方的政治思潮。凯恩斯国家干预主义思想则对当代西方社会的经济、政治和社会生活具有巨大的重塑作用，是当代西方社会体制变革的思想基础。凯恩斯思想代表着自由放任资本主义的终结，他的国家干预主义是现代西方经济上的宏观调控、维护经济稳定以及福利国家建设的思想基础。凯恩斯的思想对当代西方体制设计的影响已经深入各个方面，并且深入社会生活的各个方面。

20 世纪 50 年代和 60 年代是西方新自由主义发展的鼎盛时期。为了实现第二次世界大战后的复兴，英、法、联邦德国等纷纷强化国家的作用，建设“福利国家”。然而，到 20 世纪 70 年代，西方国家出现诸多经济和社会问题，国家过度干预的一些弊端逐步显露，新自由主义理论受到严峻挑战。另外，从理论上看，从格林直到凯恩斯的新自由主义思想也有其重要缺陷，它们要么以黑格尔式的共同体主义为基础，要么以功利主义或功利主义的某个变种为基础，一方面不能很好地维护传统自由主义极为珍视的个人自由，另一方面对二战后西方发达国家所实行的旨在维护社会公平的福利国家政策也不能提供充分的辩护依据，因而新自由主义急需理论上的突破。

正是在这样的背景下，罗尔斯以正义原则为基础，重申自由主义基本理论，把新自由主义推到一个新阶段，即平等论自由主义或福利自由主义阶段。罗尔斯的自由主义思想主要体现在他的两个正义原则。第一个正义原则肯定平等的基本自由相对于其他政治目标的优先性，第二个正义原则要求给所有公民提供公平的机会，要求财富和社会地位不平等使处于最不利地位的人获得最大利益。他的第一个正义原则实际上是重申传统自由主义所谓个人自由的首要价值，抵制黑格尔式的共同体主义和功利主义者对这个原则的侵蚀，而他的第二个正义原则在原先的新自由主义者所主张的“公平的机会平等”基础上，提出“天赋的平等共享”或“资产的平等共享”，从而把自由主义的平等理念向前推进了一大步，能够在更深刻的意义上为社会政策“保护弱者利益”辩护，为福利国家政策辩护。他的这两个正义原则实际上是把传统的政治自由主义和有限的经济自由主义有机结合起来，从而使新自由主义在理论上更连贯，更有说服力和感染力。

第 3 章

《正义论》的反响和争议

罗尔斯《正义论》的出版，被看作20世纪下半叶西方思想界最重要的事件之一，它所引起的反响之巨大和激烈，所激发的辩论之剧烈和深入，所产生的学术文献之重要和众多，即使在整个西方思想史上也是罕有其匹的。由于《正义论》第一版的封面为绿色，当时的一些哈佛学子曾以“绿魔”来形容这本书的影响力。据统计，该书仅英文原版已发行二十几万册，并有二十七种语言的译本，仅中文译本的印数就达数万册。自20世纪70年代以来，全世界每年有数百人将他的思想作为学位论文题目或研究课题，有几十部甚至上百部的研究专著出版。在世纪之交，有人检索过哲学、经济学、人文科学以及相关领域的期刊，发现大约有三千篇论文致力于批判性地讨论罗尔斯的理论。有人把这种研究文献巨量增长的现象形象地称之为“罗尔斯产业”。1999年4月，美国最大的出版公司兰登书屋旗下的“现代文库”出版社将《正义论》列为20世纪一百本最佳非文学作品之一。1999年11月美国《哲学论坛》发表的一份来自美国和加拿大两国五千多名哲学教师的问卷调查报告表明，20世纪前二十名哲学家和二十七本哲学著作中，罗尔斯的《正义论》排名第三，仅次于维特根斯坦的《哲学研究》

和海德格尔的《存在与时间》。

《正义论》在哲学、政治学、法学和经济学等领域均有反响。罗尔斯在认真考虑批评意见的基础上，不断修改、完善和发展自己的理论，这些新成果主要体现在他的一系列论文和《政治自由主义》《人民法》和《重申公平的正义》等著作中。本章主要讨论《正义论》所引起的反响，在后几章中将分别考虑罗尔斯在上述几本著作中对其理论的修正和发展。当然，在讨论《正义论》的反响时，我们主要讨论罗尔斯与其他政治哲学家之间的争议，因为这种争议涉及根本原则上的争议，而罗尔斯与其他领域专家之间的争议，多半具有细节性质，这里仅简单论及。

一、经济学家们的反响

在20世纪60年代末和70年代初，西方国家开始陷入第二次世界大战结束以来的一场重大的经济危机。一些经济学家对这场危机的反思表明，这场危机的根源乃是，在凯恩斯革命之后，经济学仍然只把经济增长的微观层面作为问题的焦点，而忽视收入分配问题。正是在这样的背景下，一些敏锐的经济学家开始着手研究分配、平等之类的课题，从而迅速地关注到《正义论》。

阿罗的质疑

首先让我们看看当时同在哈佛大学任职的著名数理经济学家、诺贝尔经济学奖获得者肯尼斯·阿罗对《正义论》的反应。阿罗长期在经济学和哲学之间的中间地带耕耘，是福利经济学和社会伦理学之间的新领域“社会选择理论”的开拓者，他对《正义论》的关注乃是正常的职业反应。他所撰写的《正义论》书评题为“序数论的功利主义者的备忘录”，发表于《哲学杂志》1973年第五期。

阿罗评价说，《正义论》一书“所涉及的问题极为广泛，同时还是一本内容极为丰富的作品”。他从新福利经济学的立场出发，即从不承认效用的基数性和个人之间比较之可能性的序数论功利主义出发，对《正义论》的某些含义进行彻底的推敲分析。首先，阿罗赞同罗尔斯的“把天生才能的分配状态看作共同的资产，这一分配所产生的利益应该共享”这一见解，并且称之为“资产的平等主义”，但他又认为罗尔斯的这个见解与普通人所模模糊糊地坚持的“个人有资格拥有自己所创造的产品”这一分配原理是不一致的，而罗尔斯并没有提出足够的理由来为他的见解辩护。其次，对于罗尔斯指责功利主义“为实现多数人的利益而牺牲少数人的利益，使他们成为他人的手段”，阿罗表示有些不可思议。因为按照罗尔斯的差别原则的原本含义，先天有才能、有能力的人们应该为那些先天没有才能和能力的人所利用，其原因在于他们的才能和能力是社会的共同资产，不是其个人资产。再次，对于罗尔斯批评功利主义“以不适当的类推为基础，对个人与社会作不适当的联结，把全部欲望融解、合成，最后变成一个体系”，阿罗反驳说，无论什么样的正义理论，都会把欲望体系作为一个合成物来加以处理。此外，阿罗还对罗尔斯的“存在着关于正义的有意义且带普遍性的概念”这一假定表示根本性的怀疑。

哈萨尼的责难

著名的博弈论家、诺贝尔经济学奖得主哈萨尼企图给功利主义伦理学提供契约论基础，对类似于罗尔斯的“原初状态”

的构想进行过艰苦的探索。他对罗尔斯的责难比阿罗更严厉。

在《正义论》中，罗尔斯把最大化规则作为发现两个正义原则的理论工具加以使用。为回应部分博弈论家对这个使用的批评，罗尔斯在1974年发表的《最大化标准的理由》一文中试图把最大化规则的使用不限于医生和患者的关系、教师与学生的关系这样的“微观”层面，而使其适用于一国的收入分配等“宏观”领域。但是，哈萨尼在1975年发表的《最大化原则可以在道德的基础里使用吗》一文中指出，即使作为宏观的原则，最大化也存在着缺陷。他认为，把最大化作为“道德的”基础本来就是不可能的，倒不如说，原初状态中所采用的不是最大化而是平均效用最大化原则，这样考虑反倒比较合理。

对于哈萨尼的这个批评，罗尔斯没有进行正面的反驳，但是他在1978年发表的《作为主题的基本结构》一文的一个注释中顺便反驳说，他绝没有建议把最大化原则作为“道德的”基础，因为他已经采取差别原则这一形式，归根到底，最大化受到适合于社会基本结构的其他原则（第一原则和第二原则中的公平的机会平等原则）的制约。

阿玛蒂亚·森的批评

在经济学和伦理学之间耕耘的印度籍学者、诺贝尔经济学奖得主阿玛蒂亚·森认为，罗尔斯的正义论仅仅停留在财产即物品的分配上是有问题的。比如说，自行车这一财产在正常人和残疾人之间进行分配，二者的使用情况是不一样的。他指出，如果罗尔斯要求的不是主观的“效用”，而是客观的“福利”在个人之间的比较，那么就不应该比较使用财产的个人的“生存方式的水准”能够得到何种程度的实现。他进一步指出，在生活方式的水准之中，特别应当尽可能谋求人的生活之根本的衣、食、住、行和参加社会生活的各个方面的平等。

二、新古典自由主义者诺齐克的挑战

新古典自由主义通常被用以描述形成于20世纪70年代，并在80年代逐渐取得主导地位的一种政治—经济哲学，它是对新自由主义的国家干预经济和福利国家政策的弊端进行反思的产物，在很大程度上代表着对新自由主义的批判和否定。新古典自由主义所持的基本立场是否定积极的自由，反对国家干预，主张以宪政制度保护个人权利并制约政府的权力，其主要宗旨是复兴古典自由主义原则，阻止西方国家继续朝新自由主义方向发展。哈耶克是新古典自由主义的理论先驱。早在二十世纪三四十年代，哈耶克就同奥地利学派的另一位著名经济学家米塞斯一道，鼓吹复归古典自由主义。他承古典自由主义之传统，重提“消极的自由”，视自由为最高价值目标，并在原始的意义上理解和使用“自由”一词，认为自由就是独立于他人的专断意志，竭力将新自由主义的“积极的自由”或“新自由”拉回到“消极”“原初”的层面上。哈耶克还指出国家干预经济可能招致的恶果。他把国家干涉主义和垄断资本主义、国家社会主义和法西斯主义、社会主义和共产主义等，统统称为计划主义或极权主义，认为它们的相似之处就是用由少数特权人士的主观判断所控制的组织手段，对社会利益进行分配，以此达到对社会成员的全方位的控制，因此它们皆为通向奴役之路。

美国的新古典自由主义的最重要代表人物是经济学家弗里德曼和哲学家诺齐克。当代美国著名经济学家、货币主义的主要代表人物弗里德曼是新古典自由主义的一个重要旗手，他的《资本主义与自由》（1962）一书是新古典自由主义的经典之作。弗里德曼反对当代流行的政治自由可以同经济福利安排相分离的观点，认为经济自由和政治自由密不可分，经济自由不仅是自由的一个组成部分，其本身就是目的，同时它还是达到政治自由的一个不可缺少的手段。弗里德曼是经济自由的坚定维护者，认为自由主义的核心观念便是坚信最好的组织人们从事生产活动的方式，是人们在没有强制手段的前提下的自愿合作。他主张通过经济自由的力量来牵制政治力量，以便在最大可能的范围内排除任何集中的权力，并分散任何不能排除掉的权力。

当代美国著名哲学家、伦理学家诺齐克是新古典自由主义的典型代表。他的论战性著作《无政府、国家和乌托邦》（1974），直接与罗尔斯的《正义论》（1971）在分配正义问题上展开激烈论争。我们知道，在分配正义问题上，有所谓社会正义或实质正义与程序正义之分。所谓社会正义或实质正义主要指社会资源和要素分配的结果须符合正义原则，它要求分配结果的实质性的平等。所谓程序正义是指按照某些普遍的规则行动，即全社会人人都普遍地遵守某些程序，不必过多地考虑人们行为的结果。从这种划分看，罗尔斯是社会正义论或实质正义论的突出代表，他主张个人在政治领域里的基本权利是不能以任何名义剥夺的，但在经济领域里的利益分配却可以奉行一种最大限度地改善处境最差者地位的原则，尽管由此可能损害某些人在利益分配方面的权利。诺齐克则是程序正义论的重要代言人。他立足于个人权利这块基石，主张利益分配的非模式化，认为只要历史上形成的获得财富的方式是正当的，无论它是继承的遗产、接受的馈赠，还是投资收益、发明创造、努力所得，都是合法的。国家没有道义上的理由对此横加干涉并要求重新安排现有财富的分布，否则就会导致对个人权利的侵犯。

就上述三位新古典自由主义的代表人物而言，哈耶克对罗尔斯的《正义论》的反应较为迟钝，弗里德曼没有与罗尔斯发生直接的争议。我们这里主要讨论诺齐克对罗尔斯《正义论》的激烈反应。诺齐克与罗尔斯论战的著作《无政府、国家和乌托邦》大致按照书名的三个概念分成三个部分。第一部分主要讨论最低限度的国家（minimal state）能否以一种不违反个人权利的方式从无政府状态中产生，其主要结论是，限于防止暴力、偷窃、欺诈和责成契约之履行的"最低限度的国家"不会侵害到个人权利，在道德上是正当的。第二部分主要讨论国家的职责能否超出最低限度的、"守夜人"式的国家的职责，其主要结论是，企图履行更多职能（收入的再分配等）的"扩张性的国家"因其侵犯个人的权利而被看作不正当的。第三部分主要讨论最低限度的国家是否具有魅力以吸引人、鼓舞人，其主要结论是，最低限度的国家不仅具有道德的正当性，而且也充分具有乌托邦的魅力。由此可见，此书所阐述的实际上是一种国家理论，第一部分的主题是国家的起源和必要性问题，第二部分的主题是国家的功能及其合法性问题，第三部分的主题是国家的理想性和合意性问题。对于这三个问题，诺齐克都是从道德角度考虑的，他把是否侵犯个人权利作为道德与否的最终衡量标准。

最低限度的国家

"最低限度的国家"是诺齐克所赞成的一种管事最少的国家。在这种国家形式中，政府的功能和权力只限于防止暴力、偷窃、欺诈以及责成契约的履行等，也就是说，国家的职责只是一个守夜人的职责。最低限度的国家的道德含义在于是否侵犯个人权利。个人权利是国家行为的道德标准、道德界限和道德约束。

诺齐克是从洛克所谓“自然状态”（无政府状态）出发来为最低限度国家辩护的，因为在考虑国家应当如何活动之前，还有一个国家是否应当存在的问题。诺齐克的意见是，即使是最好的自然状态也不能否定国家存在的必要性。因为尽管在自然状态中人们拥有生命、自由、财产等不受侵害的自然权利，也拥有对侵害其自然权利者进行惩罚的权利，但是由于没有统一的权威机构来保护他们的自然权利，来执行对侵害其权利者的惩罚，他们可能要在防止自己的权利受侵害以及在自己的权利受侵害后对侵害者施加处罚方面耗费大部分的时间和精力，以致无法做自己本来想做的及可以做的事情。而且，人在道德上和认识上并不是完美的，而是合理自利的，是会发生判断失误的，因而就有可能在涉及自身利益的纠纷中造成对别人的错误惩罚，从而给社会带来争斗不已、恐惧不安的气氛。

诺齐克认为，正是由于自然状态在保护个人权利上的种种不便之处，一些给人们提供有偿服务的保护性机构应运而生，它们的职责一方面是保护人们的权利不受别人的侵害，另一方面是在被保护者的权利受到侵害时替受害者执行惩罚。经过一段时期的市场竞争，保护能力较差的机构会逐步被淘汰，最后在某个地区很可能只剩下一个最有力的保护机构。这个保护机构满足最低限度政府的两个条件：（1）在某个地区中拥有合法使用武力的垄断权；（2）它保护该区域中的所有人的权利。这就是最低限度国家的起源。问题是，这个保护性机构究竟有没有违犯人们所拥有的自然权利？如果它违犯人们的自然权利，那么，从道德的观点看，国家的建立是不可接受的。诺齐克指出，这个保护性机构显然没有侵害人们的自然权利，因为人们是出于自愿把自己在自然状态中所拥有对侵害其自然权利者的惩罚权转交给保护机构。保护性机构的权利和权力是奠基在参与者的自愿行动之上的，因此，它是有权执行惩罚的。既然限于防止暴力、偷窃、欺诈以及责成契约之履行的最低限度的国家，在道德上是正当性的，那么，无政府主义的“国家会侵害人权”这一主张，就是站不住脚的。不过，这个最低限度国家的职权只能限于防止暴力、偷窃、欺诈等违犯自然人权的事，此外，国家没有权利对个人作任何要求或强迫他做任何事情。只要一个人不侵犯他人的权利，国家就不应该对他进行任何干涉。国家的权利不能超过个人所能赋予它的权利，而在自然状态中个人的权利仅限于保护自己的自然权利以及惩罚对他的权利有所侵犯的人。

主要争议点

诺齐克与罗尔斯坚持，在政治上应该保障所有人都享有广泛的平等自由，他们在国家的政治功能方面，意见是基本一致的。他们之间的争议主要在国家的经济和社会的功能上，即在关于国家是否应当承担除上述政治功能之外更多的职能这个问题上，罗尔斯持肯定立场，而诺齐克则持反对立场，并用自己提出的权利原则来反对罗尔斯的差异原则。这两个原则的对立，实际上是在经济和社会领域强调自由和强调平等的对立。罗尔斯把政治权利领域与经济和社会领域分开，他通过特别关照处于最不利境地的弱势群体，表现出对平等的偏爱，而诺齐克则毫不含糊地把自由优先、权利至上原则继续贯彻到经济和社会领域。在他看来，不仅个人自由权利不可侵犯，个人在行使自由权利过程中获得的其他经济和社会利益也是不可侵犯的。

诺齐克反对罗尔斯的分配正义论，认为“分配”一词不是一个中性词，很容易让人们想到由某个体系根据某种原则或标准提供某种东西，所以最好用一个显然是中性的术语“持有”（holdings）来代替“分配”。持有就是人们所持有的东西。衡量个人持有是否正义涉及两个问题：一是持有的最初获得即对无主物的占有是否合法；二是持有从一个人转到另一个人手中是否合法。

诺齐克认为，只要满足洛克所说的“还留有足够和同样好的东西让其他人拥有”这一条件，劳动就是对一件物品合法占有的根据，也就是说，只要不使其他人的状况恶化，通过劳动占有一个无主物就是合法的。诺齐克坚持，财产私有制大致满足洛克的条件，因为它虽然不允许别人再行占有，但在允许别人有偿使用的意义上并没有损害别人。当然，在当今世界上，对无主物的占有已经是非常罕见的情形，人们的绝大部分持有来自别人。就这种情形而言，凡是通过自愿交换、馈赠、转让的途径得到的东西都是合法的。由于并非所有的持有都符合获取和转让的正义原则，有些人是通过盗窃、欺骗、奴役和剥夺而得到自己的持有的，这就引申出持有正义的矫正原则，以矫正实际持有中的对合法占有和合法转让原则的违背。因此，所谓持有正义论的要义就是，如果一个人按照获取和转让的正义原则，或者按照矫正的正义原则对其持有是有权利、有资格的，那么，他的持有就是正义的。如果每个人的持有都是正义的，那么，持有的总体就是正义的。

诺齐克的权利原则实际上是一种历史原则，即衡量分配是否正义不是看其结果和发展趋势，而是看其来路和历史演变，这是一种向后看的原则，它在回答“这一持有是否正义”之前先问“这一持有是怎样来的”。

在经济和社会利益分配问题上，诺齐克反对模式化原则，而主张非模式化原则。他认为，罗尔斯的差别原则是一种模式化的分配原则，它的公式是“按照××分配”，这就把接受者和给予者割裂开来，把要分配的东西看作来自乌有之乡，从而在重视接受者权利的同时，却无视给予者的权利。而权利原则是一种非模式化的分配原则，它不确定任何标准作为分配的尺度，而坚持认为任何物品都是有主的。按照诺齐克的观点，按照一个固定的模式控制历史过程不但无效，而且有害。因为不管事先设计的模式如何理想，历史总会发生模式无法容纳的变化，在这种情况下继续强求变化的结果符合模式，必然导致对个人生活的过多干预，必然限制乃至侵犯个人权利，其效果如同把自由选择配偶改为社会统配一样。

关于天赋的争议

诺齐克认为，可供分配的经济和社会利益并不是一块不变的馅饼，而是一块可以不断做大的馅饼，因而有必要通过分配来刺激和鼓励那些最有天赋，从而最有可能使馅饼扩大的人。在人们经常提到的平等、需求、道德、贡献、努力这五种分配标准中，按贡献分配与天赋结合最为紧密，而且按照贡献分配的社会通常也是效率较高的社会。贡献取决于“能力+努力”，如果剔除能力中的后天因素，把它归之于“努力”，就可以得出“贡献=天赋+努力”。在目前的现实社会中，人的天赋差别越来越成为决定分配的重要因素。于是，以平等主义为理想的思想家，总是把天赋差别看作需要逾越的最后一道障碍。

在这个问题上，罗尔斯的观点最有代表性。正如我们在前一章中所论述的，罗尔斯认为，从道德的观点看，天赋是偶然的、任意的因素，不应该让这种因素来决定分配。他坚持应该把天赋看作一种集体资产，让所有人共享收益，而不是让天赋的拥有者独享收益。但是，诺齐克则认为，人们有其天赋并不侵犯别人的权利，人们从天赋中得到的有差等的利益也没有侵犯别人的利益，因此，不管从道德的观点看天赋是否任意，人们对其天赋是有权利的，对来自天赋的东西也是有权利的。如果说任意和偶然产生的一切都毫无道德意义，那么特定的个人存在也毫无意义可言，因为人的每个特征都依赖于包含特殊基因的生殖细胞的一次任意与偶然的结合。

关于个人权利的争议

罗尔斯坚持个人享有基本自由的权利，但对于个人在经济和社会利益方面的权利实际上是有所限制的。而诺齐克无论是为最低限度国家辩护，还是反对罗尔斯的正义论，所持的根据都是权利。权利作为一种道德标准、道德约束，既是个人活动的界限，也是国家活动的界限。既然他人侵犯个人权利是不正当的，那么，国家侵犯个人权利也是不正当的，而个人权利既包括个人的自由权利，也包括个人的经济和社会利益上的权利。

也许有人会问，在个人的生活范围内，每个人都可以为了更大的利益而承担较小的痛苦和代价，那么，为什么不可以在社会生活范围内牺牲某个人或少数人的利益而促进大多数人的利益呢？用于个人的原则为什么不可以用于社会呢？对此，诺齐克的回答是，因为社会并不是一个生物体，个人有自己独特的生命，但是社会并没有这样的生命。而且每个人只享有唯一的一次生命机会，个人的分量自然显得异常重要。个人的这种不可替代性是权利作为道德边际约束的内在依据。正因为这样，国家就不能对哪个人偏心，而必须在所有公民中间保持中立。

诺齐克认为，从康德的“个人并非别人的手段和工具”的观念中可以推导出个人之间的互不侵犯原则。互不侵犯原则被普遍地看作调节国家关系的一个恰当的原则，那么，用这个原则来调节个人之间的关系不是更恰当吗？个人不是比国家更为完整、更为独立、更应当对自己享有主权吗？

关于社会理想的争议

罗尔斯把正义看作社会的最高价值，把建立在正义观念基础上的良序社会看作理想的社会。而诺齐克则注意到，人们所追求的美好社会的诸种条件放在一起经常是矛盾的，不可能同时实现。既然不可能有一个符合所有人愿望的完善世界，那就只能设想所有可能的世界中最好的世界。诺齐克把这样一个世界称作乌托邦。在这个世界中，存在许多不同的共同体，有许多价值体系可以让人们追求和满足，与只有一个共同体、只有一种价值体系的世界相比，它能够使更多的人按照自己的意愿生活。

那么，我们到底有什么依据要赞成这样一个包容不同共同体的社会结构？诺齐克认为，我们可以从三个思路来思考这个问题。(1) 人与人之间是有差异的，我们没有理由只把一种共同体当作所有人的理想。对一个人是好的生活，对另一个人未必是好的生活，在这种问题上没有任何客观的标准。人们及其生活之间的差异非常之大，不允许我们按照一个模式来对待人、按照一个标准来规定生活。最好的办法就是在社会中允许各种各样的共同体存在，而这种允许的另一种意义就是不允许强迫，任何人都不能把自己的价值观念强加于人。(2) 既然我们不可能同时实现所有社会政治价值，那么就应当让它们有同等的实现机会，就应当允许各种各样的共同体作为选择对象出现，让每个人都能选择那最符合自己价值观念的共同体，而不是厚此薄彼。(3) 人是复杂的，其相互关系也是复杂的，因而不可能有一种最好的共同体，只能有一些较好的共同体。

在诺齐克所论述的这种乌托邦结构中，有国家、社团和个人三个层次。国家不考虑人们的价值观念，它在这些观念中间保持中立，它的职责限于防止人们受到暴力、盗窃、欺诈的侵害以及强制人们履行他们自愿签订的契约，并因此有权利向人们征收一笔保护费用。社团牵涉到人们的价值观念，它是由一些追求共同价值的人们自愿组成的。在一定的地域内国家只有一个，而社团却有许多个。最后的落脚点是个人，因为只有个人才有独立的生命，才有其独立的内在价值，无论是国家还是社团都只有工具性价值。国家按照正义原则保护个人，它是保护个人安全的工具，而社团则按照价值原则满足个人，它是满足个人价值需求的工具。

从诺齐克与罗尔斯的争议看，诺齐克的持有正义论坚持古典自由主义立场，它立足个人权利这块基石，主张利益分配的非模式化，坚持认为个人以任何正当的方式获得的财富都具有合法性，国家没有道义上的理由对此横加干涉并要求重新安排现有财富的分布，否则会导致对个人权利的侵犯。罗尔斯的分配正义论强调社会合作和经济平等，认为人类自由和价值的分配是正义事业的起点和基础，主张消除收入和地位的过大差距，使境遇较差者最大限度地受益，使社会职位对所有人开放。这两种正义理论的分歧，乃是当代西方政治思想家们在思考自由与平等、效率与公平、个人权利与社会福利之间关系问题上的差异的反映。

笔者认为，就总体而言，尽管诺齐克在其著作中提出了不少有趣的新论证，但其主要观点仍然是古典自由主义式的，并没有多少新东西，与罗尔斯的理论相比，对推进自由主义理论发展的贡献有限，相反，其偏颇之处较为明显。首先，诺齐克把个人权利绝对化、抽象化，与社会发展的客观趋势相左。个人权利是一个表达社会关系的范畴，是个人与社会之间的权利义务配置的产物，它作为特定的历史现象，是不能脱离具体的社会时空而存在的。诺齐克无视个人权利与社会、个人权利与义务之间的辩证关系，把个人权利绝对化、抽象化，其观点是片面的。同时，由于人的需要具有多样性，社会发展的目标也就具有复合性，各种目标之间既存在着合力也存在着张力，要求国家在实际的运作中充分发挥自己的职能，对复合目标加以分解，以便根据轻重缓急，统筹兼顾，最终实现总体目标。如果过度伸张个人权利，过度收缩国家职能，有可能导致贫富差距过大、生态环境破坏、公共秩序混乱、社会安全失缺，从而在根本上有损个人权利。因此，在通常情况下，作为维系社会发展和社会稳定所必须支付的代价，要求个人承担某种必要的牺牲是合理的，也是不可避免的。其次，诺齐克的论证看起来似乎前后融贯，实则还是有其漏洞的。诺齐克同洛克一样，把个人生命权利和财产权利等量齐观，认为二者都是神圣不可侵犯的。但实际上这二者还是有差别的，尽管财产是维持人的生命和尊严的必要条件，但这个条件在数量上有很大的活动余地。毕竟，财产乃是身外之物，为实现一定的社会目标，让人们在财产权上作出一定的让步是可以接受的，但生命是唯一的，生命权是不容剥夺的。诺齐克把二者混为一谈，从而得出极端的自由主义结论。相反，罗尔斯在基本的自由权与经济和社会权利之间进行合理区分，从而把政治自由主义和有限的经济自由主义结合起来，更符合社会发展的客观趋势。

三、平等论自由主义者德沃金的批评

当代美国著名的法学家德沃金被看作20世纪末西方最重要的新自由主义法哲学家，其代表作是《认真地看待权利》(1977)。德沃金的理论是一种以“权利论”为核心的平等主义。他强调个人权利，并认为在所有个人权利中，最重要的是平等权利，即“政府不仅必须关怀和尊重人民，而且要平等地关怀和尊重人民”。从政治上说，德沃金的法学思想表达的是新自由主义政治思想，他希望在维护资本主义社会制度的基础上，对社会、经济方面的某些不平等现象进行局部的改良。

当然，尽管德沃金与罗尔斯同属于赞成平等主义的自由主义者，他们的思想较为接近，但德沃金在其跨越三十多年的学术生涯中，在不同的场合针对不同的问题对罗尔斯的理论提出了许多批评。按照姚大志教授的阐述，这些批评主要集中在社会契约论、原初状态的假设、无知之幕和差别原则四个方面。下面，我们将逐一分析德沃金对罗尔斯的批评，并在必要时为罗尔斯辩护。

首先，德沃金认为，罗尔斯的契约论是假设性的，而假设的契约是没有效力的。从法律的意义上说，契约是必须加以履行的，但假设的契约却没有充分的理由强迫缔约者履约。我们也不能说假设的契约是“较弱形式”的实际契约，因为它根本就不成其为契约。在《认真地看待权利》一书中，德沃金举例来说明这个问题。假设星期一我不知道我的画的价值，如果你出一百美元买我的画，我会接受。但星期二我发现我的画值更多的钱。你不能这样论证：周三法院强迫我以一百美元卖给你是公平的。星期一你没有买走我的画是我的运气，但这并不成为后来你强制我卖画的理由。

我们认为，在罗尔斯的正义理论中，契约论是对抗功利主义的一种证明方法。而作为证明的方法，契约是假设的还是实际的，关系并不大。假设的契约并不减弱它的证明力量。实际上，契约论确实是一种较好的证明方法。我们该如何证明某种正义原则是公平的？如果我们既不依赖于某种形而上的权威（如上帝），也不诉诸形而下的功利，那么我们只能依据所有公民的同意。从契约论的观点看，当事人的同意是对政治问题的最好证明。

其次，德沃金认为，罗尔斯的正义论的出发点应该是权利理论，而不是原初状态。我们前面的论述已经表明，罗尔斯的正义理论确实是从原初状态出发的，然后从中推出包括两个正义原则在内的一系列观点。但是，德沃金提出，原初状态背后应该还有一个更深的基础，这个基础只能是权利。他认为，任何政治理论都有一个最终的基础，或像功利主义那样以目标为基础，或像康德的义务论以义务为基础，或像潘恩的革命理论那样以权利为基础。罗尔斯的正义论既不是目的论的，也不是义务论的，而只能是权利论的。德沃金论辩说，原初状态的整个设计都体现出所有人都有要求得到平等关怀和平等尊重的权利，这种权利不是从原初状态中产生出来的，而是产生原初状态的前提，而且，这种权利是一种自然的权利。

我们认为，德沃金所谓“原初状态应该有一个更深的基础”这一观点恐怕有违罗尔斯“原初状态”设计的初衷。罗尔斯设计“原初状态”的目的是通过重建社会契约论来对抗当时主流的功利主义道德哲学，但他的社会契约论与以霍布豪斯和洛克为代表的古典契约论有很大的不同。罗尔斯把原初状态看作“假设的”，它并不需要以自然法或自然权利为基础，而古典契约论确实是建立在自然法或自然权利之上的。罗尔斯把社会契约论看作一种证明的方法，他不接受作为古典契约论之基础的自然法学说或自然权利学说，因为它们都是超验的、武断的形而上学理论。尽管罗尔斯后来承认他在《正义论》中所提出的正义理论仍然无法与形而上学“绝缘”，但那是另外一回事，并不表示他在《正义论》中承认自然法学说或自然权利学说。实际上，罗尔斯在《重申公平的正义》（2001）中明确表示，他的“公平的正义”学说与自然权利学说和功利主义是截然不同的，它们分别代表的是三种不同的政治正义观念。由此可见，罗尔斯拒绝自然权利学说，就是不想把原初状态建立在更深的、形而上的基础之上，甚至“原初状态”一词本身就暗示他不认可有一个“更早的”或“更基础的”出发点。

再次，德沃金从两个方面对“无知之幕”提出批评。从肯定的方面说，社会契约论是要人们进行自由选择，那么就应当允许人们知道相关的知识和信息，从而才能够进行有意义的选择。德沃金认为应该允许人们尽可能拥有更多的知识，特别是要允许人们对作为个人的自己有足够的了解，允许他们原原本本地知道他们自己的人格，知道他们的生活价值观，但他指出罗尔斯所设计“原初状态”的目的却在于让人们缺少这些知识。从否定的方面说，社会契约论的实质在于为所有公民提供否决权，即除非每个人都同意，否则不能达成任何契约。然而，每个人拥有否决权的力量取决于他的知识。如果他处于无知之幕的后面而一无所知，那么他就无从行使自己的否决权。

这是对罗尔斯的一种非常普遍的批评，许多研究者都对无知之幕的设计表示不满。罗尔斯认为，对正义原则的最好证明就是人们的一致同意。但在现实生活中，这是不可能的，因为有许多因素妨碍人们达成一致，而这些因素同正义原则没有什么关系，又影响人们作出公平的判断。设立原初状态和无知之幕的目的就是建立一个公平的正义环境，把影响人们作出公平决定的因素都排除出去，从而使每个人都能够作出公正的判断，并就正义原则达成一致。因此，我们认为，无知之幕的设计是合理的。

最后，德沃金对差别原则提出三点批评。第一，差别原则试图改善处于最不利地位者的处境，但是如何确定处于最不利地位者是一个难以解决的问题。罗尔斯对处于最不利地位者的规定笼统而任意，并且没有给残疾人以足够的重视。第二，差别原则将处于最不利地位者当作公平问题的基点，把正义和某个阶层挂钩，完全从群体的角度考虑平等问题。但德沃金认为，从原则上说，平等是个人权利问题，而不是群体处境问题。第三，差别原则只关心生活最差者的处境，并要求尽最大努力改善他们的处境，而既不考虑它给其他人带来的后果，也不考虑生活处境与人的抱负、勤奋和个人努力的关系，这是不公平的。

罗尔斯是依据“基本善”的客观指标来确定处于最不利地位者的。他所说的“基本善”有五种：基本的权利和自由、各种机会、职位与官职、收入与财富、自尊的社会基础。罗尔斯也提出过一种确定处于最不利地位者的简便方法：在良序社会里，“处于最不利地位者是指那些拥有最低收入期望的阶层”。罗尔斯没有单独考虑残疾人问题，因为他们中某些人是处于最不利地位者，有些人则不是。德沃金则首先把残疾人问题单独提出来加以解决，然后再试图解决“正常人”中的懒惰者和勤奋者。由于这种区分，德沃金便可以把平等与个人挂钩，便可以主张懒惰者对于勤奋者的更高收入是没有理由抱怨的。罗尔斯则认为，“懒惰”或“勤奋”也是由环境造成的，在人们之中进行这种区分是没有意义的，所以解决不平等就是改善处于最不利地位者的处境。应该说，德沃金对罗尔斯的第三点批评是有道理的。罗尔斯正义论的一个主要问题就是，没有在收入和财富分配中区分出勤奋、抱负和个人努力的因素。

四、哈特对基本自由优先性的质疑

罗尔斯的好友、牛津大学教授、著名的法哲学家哈特在1973年发表的《罗尔斯理论中的自由及其优先性》一文中认为，罗尔斯关于基本自由及其优先性问题的论述有两个主要问题：一是罗尔斯把“基本的自由”置于“原初状态”的契约条款的顶端，并且坚持“基本的自由”的平等分配会比其他目标（比如经济生活的安定）得到更优先的选择，这个说法的依据十分薄弱；二是在原初状态之后的三个阶段（宪法制定集会、立法阶段、规则的应用遵守阶段）里，怎样才能使多数基本的自由在社会制度中具体化并谋求相互调整，对此，罗尔斯并没有给出令人满意的标准。

在1981年密执安大学的塔那讲座上，罗尔斯作了《基本自由及其优先性》演讲，对哈特的评论进行回应。该讲座内容经过大幅增补和修改后，发表在次年的《塔那讲义集》上。在该文中，罗尔斯把第一个正义原则修改为“每个人对于充分合适的基本自由体系都有平等的权利，但是这个体系必须与所有人所享有的同样的自由体系是相容的”。在这里，他用“完全合适的基本自由体系”取代《正义论》中的“最广泛的、完整的基本自由系统”。对于这个修正的理由，罗尔斯后来在《重申公平的正义》（2001）中有较为明确的阐述，我们后面在谈到《重申公平的正义》时会涉及。

针对哈特的第一个批评，罗尔斯提出“各种基本自由及其平等分配的优先性”在原初状态被通过的三个根据：一是每个人的善的观念是多种多样的，所以，必须平等地优先保障这些观念的自由（特别是“良心的自由”）；二是即便为了实现善的观念的形成、修正和追求的力量（“合理性”），保障自由也是必要的；三是即便为了培养和行使正义感，也要求自由及其优先性。

针对哈特的第二个批评，罗尔斯试图从联邦最高法院关于政治言论及出版自由的判例入手进行分析。罗尔斯坚持，从对联邦最高法院的一些著名判例的分析中，可以得出以下三个结论：一是根本不存在文章煽动罪；二是除特别情况外，不存在对出版自由的任何限制；三是宣传革命以及颠覆政府的理论完全受到保护。罗尔斯认为，这三点结论是通过美国宪法学而被历史地确定下来的，因此，多数“基本自由”的相互调整的标准，应该能够从美国宪法史中解读出来。

五、共同体主义者的挑战

在20世纪80年代初期，罗尔斯遇到所谓“共同体主义者”的狂轰滥炸。共同体主义不是一个具有共同行动纲领的学派，他们仅仅在否定自由主义者的“从共同体中游离出来的原子式的个人”这一点上站在一起。共同体主义的代表人物有桑德尔、麦金太尔、泰勒和沃尔泽等人。

哈佛大学的政治学家桑德尔在《自由主义与正义的局限》（1982）一书中第一次打出了“共同体主义”旗帜，对以罗尔斯为代表的自由主义及其正义理论提出了强烈的批评。桑德尔对罗尔斯的批评有如下三个特点。一是桑德尔指出共同体主义与自由主义的根本分歧在于如何对待罗尔斯所说的“正当优先于善”。自由主义者大都赞成并坚持这个命题，如诺齐克和德沃金。共同体主义者则坚决反对这个命题，他们一方面主张正当是相对于善而言的，另一方面认为共同体的善具有优先性。二是桑德尔用道德与基础（或意志与认知）的二元结构来解构罗尔斯的基本观念，如正义、主体、自我、契约、选择与程序等等。这种二元结构本来是桑德尔的分析工具，但桑德尔却把它强加给罗尔斯，并由此指责罗尔斯的正义理论具有内在矛盾。三是桑德尔的批评核心是罗尔斯的主体观念。他认为，罗尔斯的正义理论建立在道德主体之上，但由于这种道德主体脱离了历史环境，从而作为建构的主体，他们不能真正地建构，作为选择的主体，他们也不能真正地选择。

桑德尔对罗尔斯的批评严重地依赖于罗尔斯的人的观念，而这里所说的罗尔斯的人的观念实际上是桑德尔自己重构出来的。桑德尔把罗尔斯的自我解释为“离群索居的主体”，这种主体在形而上学意义上是意志主义的，在心理学上是认识论主义的。然而，桑德尔对罗尔斯的人的观念的重构并不符合罗尔斯的原意：一方面，桑德尔所批评的人的观念不是罗尔斯的；另一方面，罗尔斯的正义理论并非建立在人的观念上。因此，尽管桑德尔对罗尔斯的批评显得雄辩有力，影响也很广泛，但这种批评的实质意义是很有限的。

在共同体主义与自由主义的论战中，麦金太尔的位置比较特殊。他既不像桑德尔那样专门致力于对罗尔斯式的自由主义的批评，也不像沃尔泽那样潜心于阐述自己的共同体主义理论，而是沉迷于历史研究。尽管他也批评罗尔斯，但他把这种批评嵌入对整个正义理论历史的批评中；尽管他也阐述自己的正义理论，但他把这种阐述糅进关于亚里士多德主义和托马斯主义的解释之中。麦金太尔潜心于历史有两个原因。一是对麦金太尔而言，正义理论就是正义观念的历史，正如哲学就是哲学史。麦金太尔以高超的技巧把关于正义理论本身的研究同正义观念的历史研究结合起来，从西方正义观念的历史演化中来阐述自己的正义思想。二是其回顾历史的目的在于批判现在。任何当代思想家都不得不面对现代性问题，也都不得不进行现代性的批判。麦金太尔既不像哈贝马斯那样满怀希望地改造现代性，也不像后现代主义者那样向往从现代迈向后现代，而试图探索第三条道路，即回到前现代，回到亚里士多德。

麦金太尔与自由主义之间存在尖锐的对立。自由主义是普遍主义的，它相信存在着普遍的政治价值（如正义、自由、平等和权利），也相信这些普遍的政治价值能够在所有的现代社会中实现。麦金太尔则是一位历史主义者，他总是从一定的历史背景看待政治价值，承认政治价值的多元性。麦金太尔认为，在当代社会的政治话语中，自由主义不仅处于霸权地位，还通过其内部的虚假争论来强化这种霸权地位，从而使其他政治思想登台亮相的机会被剥夺。所以，即便共同体主义无法终结自由主义的霸权地位，它也必须对自由主义的霸权提出挑战。麦金太尔试图用亚里士多德主义和托马斯主义来挑战自由主义，用共同体主义与自由主义的论战来颠覆自由主义内部的争论，从而终结自由主义的文化霸权和政治霸权。然而，我们看到，无论自由主义存在多少问题，转向亚里士多德主义和托马斯主义似乎无助于当代问题的解决，因而并不是一个恰当的选择。

同桑德尔和麦金太尔一样，沃尔泽也把自己批判的靶指向罗尔斯。桑德尔的批评以道德主体为核心，他指控罗尔斯从人性概念推论出正义原则，但其人性概念是矛盾的和无效的，无法成为正义原则的基础。麦金太尔以德性为核心，从历史主义出发揭示西方存在着众多相互冲突的正义观念，而以罗尔斯为代表的自由主义仅是其中一个观念，他还试图用亚里士多德主义颠覆自由主义的霸权地位。与他们不同，沃尔泽以善为核心，用特殊主义挑战罗尔斯的普遍主义，用复合平等来挑战罗尔斯的“简单平等”，用文化多元主义来挑战自由主义。

沃尔泽把自己的正义理论称作“特殊主义”。特殊主义与普遍主义相对立。沃尔泽批评罗尔斯和自由主义是普遍主义的，其正义理论和达成理论的方法都是抽象的，脱离了具体的社会历史和文化环境。在沃尔泽看来，正义是分配善的方式，而任何社会分配善的方式都不可能是普遍的，而是特殊的，因为善本身就是特殊的，存在着各种各样的善，而不是只有某种善。也就是说，正是因为善是特殊的，一种善不同于另一种善，所以分配善的方式也应该是特殊的，对不同的善有不同的分配方式。另外，人们对善的理解也是特殊的，因为文化是特殊的，每一种文化对善和分配善的方式都有自己独特的看法。

沃尔泽的正义理论的关键概念是“社会意义”。善的社会意义决定它被分配的方式。一方面，社会意义是历史的，是随时代的变化而变化的，从而分配的正义与不正义只有相对的意义；另一方面，社会意义是由社会成员所共享的。所以，如果社会成员所共享的正义观念是平等的，那么就会导致对善的平等分配。如果社会成员所共享的正义观念是不平等的，那么则会导致对善的不平等分配。

第 4 章

《政治自由主义》的修正与发展

罗尔斯的第二部著作《政治自由主义》(1993)，是根据他数年内的公开讲演稿整理改写而成的。在该书中，罗尔斯主要针对自由主义阵营内外对其《正义论》的批评，力图克服其《正义论》的主要缺点，重新阐释立足于正义原则之上的政治自由主义理论。这个政治自由主义理论的目的是为现代宪政民主社会提供一个正义的基础，这个基础是建立在社会成员的重叠共识之上的，而不是建立在任何综合性学说（comprehensive doctrines）之上的。

罗尔斯在《正义论》中所阐述的正义理论最主要的缺陷是，它仍然是以某种特定的“综合性的道德学说”（comprehensive moral doctrines）为基础的，而这与现代宪政民主社会事实上的“综合性学说”的多元性是相冲突的。按照笔者的理解，所谓“综合性的道德学说”指的是这种道德学说是一个全面的、完整的学说体系，它论及人类道德事务的整个范围，包括基本的人性假定、人生理想或价值、个人的德性与行为规范等各个方面。我们前面在讨论《正义论》时已经提到，罗尔斯在谈论原初状态的主观条件时把立约者的动机看作“完全是自利的”，并且认为立约者“希望尽可能获取较多的基本善”。罗尔斯对立约者的这一"人性假定"和对立约者"追求尽可能多的基本善"这一行为方式的描述，表明他的正义理论实际上是以近代以来的个人主义道德理论为基础的，而个人主义道德理论是一种综合性的道德学说。

罗尔斯本人在《政治自由主义》中也承认，他在《正义论》中阐述的正义理论与综合性的道德学说纠缠不清，而正是这一点使它与现代宪政民主社会的多元主义相冲突。现代宪政民主社会乃是一个多元化的社会，其中任何一种"综合性的宗教、道德和哲学学说"都不具有普遍的可接受性，都不可能得到公民的普遍认可。正是由于现代宪政民主社会中的公民实际上所接受的是不同的宗教、道德和哲学学说，如果我们把作为"建国立宪"之依据的正义原则建基在这类综合性学说之上，那么这个宪政民主社会就会因为缺乏形而上的共识危及正义原则的基础，从而危及这个社会的稳定和长治久安。因此，罗尔斯必须为他的正义理论另找基础，从不同人群的公共理性中寻找基础，寻找政治上的共识。所以，在《政治自由主义》中，罗尔斯的研究主旨已经由道德哲学转向政治哲学，他所要建构的正义理论不再是一种综合性的学说，不再是一种伦理的或道德的正义观念，而是一种政治理论，它所谋求的乃是建立和完善自由宪政民主社会的政治正义观念。

一、"良序社会"概念的问题

罗尔斯承认，《正义论》的一个主要缺点是，它的重要概念"良序社会"所要求的综合性学说的一元性与现代民主社会中的事实上的合乎理性的综合性学说的多元性之间存在冲突。在《正义论》中，罗尔斯认为，与公平的正义相联系的良序社会的本质特征是，它的所有公民在他所说的“综合性的哲学学说”的基础上来认可这一观念的，而且他们对两个正义原则的接受也是以这种学说为基础的。同样，在与功利主义相联系的良序社会里，公民们一般都把功利主义作为一种综合性的哲学学说加以接受，并在这一基础上接受功利原则。

但是，罗尔斯后来逐渐意识到这个观点是有严重问题的，因为在现代民主社会中，不仅存在多元的综合性宗教学说、哲学学说和道德学说，而且这些综合性宗教学说、哲学学说和道德学说往往是互不相容的，却又都是合乎理性的，这些学说中的任何一种都不可能得到公民的普遍认可。这种综合性学说的多元性不是可消除的暂时现象，而是现代民主社会的公共文化的永久性特征，任何人都不应该期待在可预见的未来，它们当中的某一种学说或某些合乎理性的学说会得到全体公民或几乎所有公民的认可。罗尔斯认为，从政治角度考虑，合乎理性的但却互不相容的综合性学说的多元化，乃是宪政民主政体之自由框架内人类理性实践的正常结果，而且任何一种合乎理性的综合性学说都不会排斥民主政体的根本；即使一个社会可能包含不合乎理性的、非理性的甚至是疯狂的综合性学说，也要设法去包容它们，以使它们不至于削弱社会的统一和正义。

在这里，我们必须先简单解释一下后期罗尔斯频繁使用的“合乎理性的综合性学说”（reasonable comprehensive doctrines）这一重要概念的含义。罗尔斯在《政治自由主义》中专门列出一节对这个概念进行阐释。他认为，“合乎理性的综合性学说”有三个主要特征。一是它以一种或多或少一致而又连贯的方式涵盖人类生活的主要宗教方面、哲学方面和道德方面。二是它组织并刻画已为人们所认识的各种价值，使这些价值能够相容共存并表达一种可以理解的世界观。每一种学说都会以一种使自身和其他学说区别开来的方式来组织和刻画各种价值，比如说，给予某些价值以一种特殊的首要性和重要性。三是它通常属于或者源出于一种思想和学说的传统。尽管它长期保持稳定，且不会发生突然的和无缘无故的改变，但它往往会按照它从自己的观点看是正当而又充分的理由产生缓慢的进化。

罗尔斯承认，他对合乎理性的综合性学说的解释并没有一个严格的标准，并且在缺乏充分的理性依据情况下，他不会武断专横地把某个学说作为非理性的东西加以拒斥。实际上，他把人们所熟悉的许多宗教的、哲学的和道德的学说都看作合乎理性的综合性学说。按照罗尔斯的上述解释，我们大致可以把他所说的“综合性学说”看作那些具有广泛内容的自成体系的学说、教义或理论，比如基督教教义、伊斯兰教教义、佛教教义、亚里士多德哲学体系、功利主义道德理论等，均属于这种综合性学说。这种学说包含形而上的信念、某种形式的人性假设、人生价值目的以及个人的德性和性格的理想等，这些东西告诉信奉该学说者所应该采取的行为。一个社会的个人都会采用自己所信奉或佩服的宗教、哲学或道德学说，以此为出发点对相关的事物或行为作出判断，并指导自己的行动。

如果我们对罗尔斯所谓现代民主社会中的“合乎理性的综合性学说的多元化”的含义作一下总结，我们大致可以这样表述：罗尔斯把这些学说看作综合的、合乎理性的但又是彼此互不相容的。所谓“综合的”，是指这些学说不但有各自的对各种问题的看法，而且包括对这些看法的论证，乃至形而上学的论证。所谓“合乎理性的”是指它们是合适的、有道理的或逻辑上自洽的。所谓“彼此互不相容”是指各学说之间在理论上、逻辑上是冲突的，而不是指在现实存在层面中的冲突，事实上它们在现实社会中是并存着的。

罗尔斯认为，正是我们前面说过的“良序社会”概念所要求的综合性学说的一元性与现代民主社会中的事实上的合乎理性的综合性学说的多元性之间的冲突，使得良序社会成为一个不现实的理念，从而也使得《正义论》的第三部分关于民主社会的稳定性的解释也成为一个不现实的解释，对此必须重新加以解释。这个重新解释就是：他在《政治自由主义》中从一开始就把公平的正义描述为一种政治的正义观念，而不是道德观念。罗尔斯给他的政治自由主义设定的主要问题是：一个由自由而又平等的公民所组成的稳定而又公正的社会，在其成员因各种互不相容但又合乎理性的宗教学说、哲学学说和道德学说而产生深刻分化的情况下，如何可能长治久安？换句话说，合乎理性但又相互对峙的诸综合性学说如何可能共存并一致认可一个立宪政体的政治观念？一种能够获得这种重叠共识支持的政治观念的结构和内容是什么？我们从罗尔斯的提问中，可以领会到他的言下之意：他的两个正义原则不再以某种综合性学说为基础，民主社会的公民也不是在某个综合性学说的基础上认可这两个原则的，它们是作为各种综合性学说的共识部分而得到支持、认可和接受的。也就是说，民主社会的公民尽可以接受各不相同的甚至是互不相容的综合性学说，但他们同时也接受核心的政治观念，比如两个正义原则，而政治的正义观念是他们的重叠共识的一部分。

二、正义理论适用范围的收缩

《正义论》的另一个重要缺点涉及正义理论的有效范围问题。在《正义论》中，罗尔斯明确认为他的正义理论具有普遍的有效性，他的两个正义原则适用于任何社会和任何时代，即我们可以使用它们来评判任何社会的公正性：一个社会的基本结构越符合他的两个正义原则，就意味着它越公正，反之，它也就越不公正。同时，与康德在知识论中把普遍有效性等同于客观性相似，罗尔斯也把正义原则的普遍有效性看作它的客观性，认为正是由于正义原则具有普遍有效性，所以，它也拥有客观性。也正是由于正义原则具有客观性，所以，政治哲学的目标就是追求真理。当然，应该指出的是，罗尔斯这里所说的客观性不是指需要与外在的经验世界有所对应的那种性质，而是指一种有效的验证程序所建立起来的一种性质。正是在这个意义上说，正义原则具有普遍有效性，因而也就具有客观性，正如我们并不知道逻辑或数学定理的本体论上的地位，但我们却绝不会否认它们的客观性。

但是，从20世纪80年代开始，罗尔斯就已放弃对正义原则的普遍性诉求。他明确指出，政治哲学的目的要视它所针对的社会而定，对于不同的社会，政治哲学研究者所应该做的事情是不同的。在一个宪政民主社会中，政治哲学的最重要的课题之一是，提出一个政治的正义观念。罗尔斯认为，他的公平的正义，就是针对宪政民主社会提出的一个正义理论，至于这个理论是否适用于其他类型社会，这是不能预先作判断的。

正是由于罗尔斯把正义原则的有效性范围缩小，以及他对政治哲学目标的看法的改变，使得他不得不改变对正义原则的客观性的看法。他越来越认识到，在民主社会中，政治哲学的目的不再是追求趋近客观道德真理，而是力图获得“重叠的共识”。那么，到底什么是重叠的共识呢？由于在一个民主的社会中，人们有不同的宗教信仰、哲学主张和道德理想，要在这样的一个多元的社会里建立一种统一性，只能靠一种政治上的正义观念。而这种正义观念必须得到不同的宗教、哲学和人生理想的主张者支持，这就需要有一种共识才能达到。但是，具有不同宗教信仰及人生理想的人不可能在所有事情上都有共识，他们的共识只能限于政治正义方面。罗尔斯把这种共识称作重叠的共识，并以一个例子来加以说明。这个例子就是三种观点都接受公平的正义，因此公平的正义就构成它们之间的重叠共识。第一种观点是宗教信仰立场上的“容忍原则”。这个原则坚持对异己教义的容忍。正是由于对异己教义的容忍，因此这种宗教信仰上的立场接受“公平的正义”这一政治自由主义理论。第二种观点是康德和约翰·穆勒的道德的自由主义立场，这个立场也导致其拥护者接受“公平的正义”这一政治观念。第三种观点认为“公平的正义”这一政治观念本身就足以表达一些政治价值，而这些政治价值是民主政治政体中的人们共同接受的，因此，接受“公平的正义”观念既不以宗教上的容忍原则为基础，也不以某种道德理论为基础，而是由于对这个观念本身所表达的政治价值的认同。这个重叠共识的例子说明的是，在民主社会中，我们不可能期望社会成员对所有问题都有一致的看法，但是要构成一个社会又要求其成员至少在社会的公共领域有一定的共识。这个在社会公共领域方面的重叠共识就是规范公共领域的原则，即政治的正义原则。

那么，到底是什么原因促使罗尔斯由普遍主义转向特殊主义、由对真理的追求转向对重叠共识的追求？也就是说，为什么政治哲学的目的要被缩小为只是追求对于某一个社会有效的原则而不是追求对所有时代及所有社会都有效的原则？为什么政治哲学的目的不像传统哲学那样去追求真理而只是追求重叠的共识？石元康教授认为主要有以下两个原因。首先，罗尔斯认为，这是由于不同时代、不同社会有不同的社会、文化及历史条件，而两个处于不同的社会、文化及历史条件之下的社会，对于什么是正义不大可能有共同的想法。由于政治哲学的目的是实用性的而不是知识论的或形而上学的，因此政治哲学工作者所追求的只是重叠的共识而非真理。其次，现代人认为政治秩序并非自然秩序的一部分，因此政治问题无须寻求传统哲学所追求的那种普遍性和真理。传统的政治哲学认为，政治秩序是世界中的一种客观存在，它具有客观性，政治哲学的目标就是把握住这种客观性，从而使自身具有真理性。但现代人已经不再把政治秩序看作客观的、独立于人的、有待于人去发现的一种秩序，而把它看作人的创造，是人为建立起来的一种秩序。从这个观点看，不同的时代和不同的社会应该有不同的政治秩序。由于这个原因，在政治问题上，我们最多只能寻求一般的共识，而无法宣称得到真理。

三、政治正义论的确立

如果说古代社会的统一性建基在其成员具有共同的价值体系及人生观、宇宙观之上，那么，现代社会由于其成员的价值观念多元化，那种建立在价值一元论之上的社会统一乃是不可能的事情。但是，一个社会又不能缺乏某种形式的统一性，因此我们必须另寻社会统一的基础。罗尔斯认为，现代宪政民主社会的多元主义事实使得我们不可能建立一个全社会都接受的“一般性的”（general）和“综合性的”（comprehensive）正义学说。所谓“一般性的学说”，指的是这个学说可以用来对不同的主题作评估，例如个人的行为、社会的某些制度、国际关系等。最一般性的学说也就是可以用来对所有的主题作评估的理论。罗尔斯在《正义论》中明确认为他的“公平的正义”是一种一般性的学说。在讨论正义的主题时，他明确表示他的正义论的基本主题是社会的基本结构，并且他的理论可以被用来评估其他主题的正义问题，比如个人的行为、性格以及法律和国际关系的正义问题，也就是说，它可以扩展为一般性的理论。

关于“综合性的学说”，我们前面已经有较为详细的阐述，这里不再赘述。对于《正义论》中提出的正义理论是否属于“综合性的学说”，罗尔斯在《正义论》中没有明确提及，但他在《政治自由主义》中明确承认，他在《正义论》中所提出的正义原则是以一种“综合性的道德学说”为基础的，其本身也是一个综合性学说的一个部分。但是，自1985年以来，罗尔斯明显不再试图建立一个一般性的和综合性的正义理论，转而坚持政治哲学的目的只是建立一个重叠的共识。罗尔斯认为，政治哲学是一种实用性的学问，一个社会不可能允许人们对于维系社会稳定的基本正义原则有不同的看法，在这个问题上，我们承受不起相对主义。但是，人们在哲学问题上又一直争论不休，从来就没有定论。因此，如果我们想要在作为“建国立宪”之总原则的正义原则问题上达成重叠的共识的话，唯一的办法就是回避一般性的和综合性的哲学、宗教和道德理论。也就是说，我们希望建立的是一个政治性的正义理论。这个理论应该有以下三个特点：（1）它本身不是一般性的和综合性的理论；（2）它也不是某个一般性的或综合性的理论的一个部分；（3）它必须与多元社会中的各种一般性的和综合性的理论相容。罗尔斯认为他的“公平的正义”学说完全符合这三项要求，也就是说，它是一个政治性的正义理论，而不是一般性的和综合性的理论，因此，它不会像其他的那些综合性的道德正义论那样，永远无法得到多元社会中的各种不同的哲学、宗教和道德教派的支持。那么，罗尔斯有什么理由认为他的正义理论是政治的正义论，而不是一般性的和综合性的道德理论？他认为他的理论具备以下三个特征，使其成为一个政治性的正义理论。

第一，尽管罗尔斯承认公平的正义是一种道德观念，但它不是一般性的和综合性的道德观念。因为公平的正义的主题是社会的基本结构。由于这个特点，尽管它是一个道德观念，但这个道德观念乃是针对一个特定的主题而提出来的。而且，公平的正义乃是特别针对宪政民主社会而建构起来的政治观念，它所适用的只是这个社会的基本结构，它的有效评估对象也只是这个社会的基本结构。

第二，“公平的正义”学说本身是一个独立自主的理论。由于它的主题只限于社会的基本结构，因此，它不是一个一般性的或综合性的理论，它也不是把一个一般性的和综合性的理论应用到社会基本结构的结果。因此，我们可以把罗尔斯的公平的正义与康德或约翰·穆勒的理论区分开来。前者是一种政治的自由主义，它不讨论人生的价值和理想等道德哲学问题。而康德和穆勒的理论则是道德的自由主义。康德所倡导的自律和穆勒所提倡的个体性，都牵涉人生的价值和理想问题。其他的一些道德理论，比如传统的功利主义、至善主义，也都是综合性的道德理论。

第三，建构“公平的正义”学说时所使用的是政治性的观念，而不是综合性理论的观念。罗尔斯认为，由于“公平的正义”是一种政治的正义理论，因此我们不能使用综合性理论的观念，而只能使用政治性的观念来建构这个理论。这种政治性的观念就是隐藏在宪政民主文化中的一些公共观念。

四、建构政治正义论的方法

在《正义论》中，罗尔斯主要采取两种方法来建立他的两个正义原则：第一种是契约论的方法，第二种是“反思的平衡”方法。所谓“契约论的方法”指的是，立约者一致同意某一组原则，他们的一致同意乃是确立这组原则的依据。在罗尔斯所设计的原初状态中，立约者们出于自利的目的，共同来订立一个契约。这个契约的内容涉及建立社会基本结构的原则。立约者们在“原初状态”这一公平的设计中同意某一组原则，他们的这个一致同意就是给这组原则提供辩护的依据。所谓“反思的平衡”方法实际上是在我们的道德直觉和理论反思之间进行平衡的一种方法。罗尔斯在讨论正义原则时最初的道德直觉是“所有社会价值——自由和机会、收入和财富以及自尊的基础——应该平等地分配，除非不平等的分配对每个人都有好处”这个一般的正义观念，而后他在这个直觉观念与理论反思之间反复进行平衡，最后得到关于正义原则的最终表述，这个过程所使用的就是“反思的平衡”方法。我们也已在第二章中较为详细地阐述过罗尔斯在设计“原初状态”时所使用“反思的平衡”方法，这里不再赘述。

但是，在《政治自由主义》中，罗尔斯认为，政治哲学的目的是“实用的”，在不同的社会中有不同的目的，并且对于正义原则的普遍有效性，他也持存疑态度。这样，“反思的平衡”方法显然与罗尔斯的这个新看法是相冲突的。因为根据反思的平衡方法，那些作为暂时性的定点的直觉道德判断并非只是限于某一个文化或某一时代的人所提出的深思熟虑的判断，而是所有时代以及所有文化中的人所共同拥有的共同点。然而，相对主义者很容易对这样普遍的道德判断的存在提出质疑。从经验上看，我们似乎找不到这样一组所有社会的人都共同接受的判断。比如，对于“奴隶制度是不道德的”这一命题，虽然在现代社会中被看作天经地义的事情，但在古希腊文化中，人们似乎并不接受它。由于这个事实，反思的平衡方法似乎有必要作相应的修正。

另外，正如前章所述，许多共同体主义者指责罗尔斯所设计的“原初状态”是虚幻的。他们指出，处于原初状态的立约者完全是非历史的和非社会的，而任何非历史的和非社会的存在都是虚幻的。罗尔斯以为把立约者描绘成这样一种非历史的和非社会的存在，可以保持一个客观的出发点，但实际上他对立约者的描述本身，就已经带有自由主义的和个人主义式的现代人的偏见。这种个人主义式的理解以为人是先于社会而存在的，但事实上人只有在社会中才能完成其个人化。正如马克思在《政治经济学批判导言》中所指出的，这种脱离人群的鲁滨孙式的孤立存在是亚当·斯密、李嘉图经济学以及卢梭的契约论的出发点，但是它们是一种幻觉。现代共同体主义者桑德尔也一再指出，罗尔斯的理论蕴含着一种对自我的看法，这种看法认为自我完全可以脱离他的目的、目标而独立存在。桑德尔把这种自我称作“选择的自我”，是与我们的道德经验极不相符的“脱离情境的自我”（unsituated self）。

面对上述两个难题，罗尔斯对反思的平衡方法有所修正。修正后的方法仍然保留住暂时的定点、深思熟虑的判断等要素。罗尔斯所作的唯一实质性的修改是把深思熟虑的判断的范围缩小，它们不再是所有时代、所有社会中的人的判断，而只是宪政民主文化中的人们的判断。罗尔斯认为在现代宪政民主的文化中，由于大家处于共同的政治文化之下，对于民主政治已有三个世纪左右的经验，因此有这样一组大家都共同接受的判断。事实究竟是否如此，有些人表示怀疑。但罗尔斯认为这种范围的缩小，可以避开相对主义者的责难。同时，由于反思的平衡方法奠基在这样具体的民主文化之上，罗尔斯认为共同体主义者所指出的“脱离情境的自我”的困难似乎也可以避免。

此外，罗尔斯还提出一个新的方法来达到建立一个重叠共识的目的，这就是所谓的“回避法”。由于现代社会的多元主义的事实，使得我们不可能再获得一个建立在共同价值观、宇宙观之上的社会统一，因此，统一必须建立在另外的基础上。政治自由主义者认为，在多元主义的社会中，社会的统一只能建立在政治的正义观念上。用罗尔斯的话说，“社会统一以及公民们对于他们共有的制度的忠诚，不是建基在他们全部肯定同样的价值观念上，而是建基在他们公开地接受一个规范社会基本结构的政治正义观念上”。

同时，又由于多元主义中价值观不能统一，他们所要求的只是一个重叠的共识，例如上面所举的三种不同观点（宗教的容忍原则、康德和穆勒的道德自由主义以及公平式的正义）所达成的重叠共识。但是，用什么方法才能达成这个重叠共识呢？罗尔斯指出，“回避法”或容忍原则可以作为多元社会中不同价值观的拥护者达成重叠共识的方法。由于哲学、道德及宗教等问题从古至今都没有什么定论，而在多元主义的社会中，不同的人又持有不同的哲学观、道德观和宗教观，因此，在这样的社会中要达成共识、为社会的统一提供基础，唯一的办法就是尽量回避哲学、道德及宗教上的争议，把这个层面上的有争议的问题放在括弧中，采取存而不论的态度，在我们构建正义理论的过程中，完全不涉及它们。通过这种刻意的回避，虽然不可能完全消除政治上的歧见，但不同观点之间的争执至少可以得到缓和，并在一定的范围内达成共识。这就是回避法的目的和作用。当然，关于在建立政治的正义观念过程中究竟是否能够完全回避掉有争议的哲学、道德和宗教问题，在罗尔斯的研究者中存在很大的争议。

在这里，我们可以简单地总结一下罗尔斯在《政治自由主义》中提出的新理论。由于现代社会中的多元主义的事实，而社会又不得不有某种方式的统一，我们必须放弃建立在共同价值观基础上的统一，而重新寻找一个新的统一基础。由于社会统一不能建立在共同的价值观上，因此，在建立新的统一基础时，我们必须把有分歧的哲学、宗教、道德这类综合性的思想体系放在括弧内。达到这个目的的方法是回避法或容忍原则，也就是说，一个社会必须容忍不同的价值观。既然社会的统一不能建立在共同的价值观之上，那么什么才是其统一的基础？这个基础就是政治的正义原则，这个正义原则是民主文化中持不同的综合性理论的人所共同赞成的，而这个原则的建立不能也不需要借助于任何综合性的理论。罗尔斯认为他所建立的公平的正义正是这样一个政治自由主义的理论。

五、政治自由主义的主要观念

政治自由主义的三个主要观念是“重叠共识”“正当优先于善”和“公共理性”观念。对于这三个观念，我们在前面的论述中也都有所涉及，这里再比较集中地加以阐述。

重叠共识观念

“重叠共识”是罗尔斯的政治自由主义理论的支柱性观念之一。在现代民主社会中，“综合性的宗教、哲学和道德学说”多元并存是一个事实，这是“理论多元的事实”，是一个不能够或不容许轻易改变的事实。唯有借助国家的力量才有可能让某种学说“一统天下”，而这种“一统天下”是以剥夺言论自由和残酷的镇压为代价的，必然会造成罗尔斯所谓的“压迫的事实”。鉴于现代民主社会中人们所接受和认可的学说各不相同，甚至相互对立，为了确保持不同或对立的学说的公民不因其所持学说或观点的不同而出现与国家民主政体的意志冲突，就要在事关支配公民社会立场的基本学说之间寻求相互间重叠的共识面。这就是“重叠共识”的基本含义。“重叠共识”的观念有三个要点：其一是容许理性多元学说或观点的正常存在和发展；其二是作为“重叠共识”之中心的公共正义或政治正义观念，必须独立于所有综合性学说或个人观点，即它必须保持中立；其三是“重叠共识”不是“临时协定”和权宜之计，人们共同认可的政治正义观念是有共同道德基础的。“重叠共识”是现代民主社会确保其统一性和稳定性的基本前提。

正当的优先性观念

罗尔斯始终坚持康德道德哲学的一个基本观点：“正当优先于善”。在英文中，“正当”（right）意味着正义、公正或权利。罗尔斯所说的“正当”主要指的就是他的两个正义原则，而他所说的“善”既包括各种形而上的人生理想，也包括各种各样特殊的个人利益。所谓“正当优先于善”，就是说，我们应该首先满足正当性的要求，而后再满足善的要求，并且正当性对善具有制约的作用。

在《政治自由主义》中，罗尔斯的“正当的优先性”观念大致有三层含义。首先，“正当的优先性”意味着正义原则对人们所追求的各种各样的理想和利益都起到制约的作用，任何人都不能超越这种制约。尽管人们可以自由地追求自己满意的生活方式，但正当性对各种生活方式都有一定的限制，超越这种限制去追求任何个人的理想和目标是没有价值的。其次，“正当的优先性”意味着人们在政治生活中使用的善观念应该是政治的观念。所谓政治的善就是公共的善，即它们能够为全体自由平等的公民所共享。罗尔斯把“公共的善”看作社会的“基本善”，如人们在社会生活中必须拥有的权利、自由、机会、职位、收入和财富等。基本善是任何正义的社会都必须加以设法满足的。最后，正当的优先性意味着正义原则对所有的形而上的理想和形而下的利益都保持一种“目的中立性”的立场。所谓“目的中立性”有三个含义：一是公民有发展自己所想望的善的观念的自由，国家确保他们拥有平等的机会；二是国家不偏袒任何特别的形而上的理想，也不支持任何人对它们的追求；三是国家不做任何事情来使人们接受某种特殊的观念，而排斥另一些观念。

公共理性观念

公共理性观念是政治正义社会的一般基础。“公共理性”是民主社会的基本特征，其含义包括：它是民主国家的“公民理性”，其主题是公共的善和基本正义问题。“公共理性”有如下特点。一是对公民个体和社会根本性的政治生活问题，主要是有关政治社会之“宪法根本”和基本正义问题，如选举权、宗教宽容、财产权、机会均等的保障等，有某种强制作用。二是不限制对政治问题的个人性思考，如教会、大学等社会文化团体成员对有关社会政治问题的反思和言论。它鼓励公民在选举时进行充分的辩论和讨论，认为这些做法是“公共理性”得以充分展现的社会文化条件，否则，公民的言论自由和思想自由就是空话。三是“公共理性”的基本所指是社会的政治权力及其使用。在民主社会里，政治权力是通过社会公共理性建立起来的一种“强制性权力”，是一种“公共的权力”。

正义原则和公共理性可以说是政治自由主义的两种基本“政治价值”形式：正义原则是贯穿于宪法根本构成的基本政治理念；而公共理性则是民主社会制定、认可、实行，直至修订宪法根本的基本方式，是公民理性地、公开地检省宪法精髓的基本方式。罗尔斯还依据美国的实际情况，提出宪政理论的“五大原则”，如强调权力分立和互制以及最高权力在民的思想等。

第 5 章

国际正义问题

第一章中曾经提到，罗尔斯在第二次世界大战爆发之际，曾到图书馆广泛阅读有关第一次世界大战的书籍。实际上，为两次世界大战和越南战争所震动的罗尔斯非常关注国际正义问题，他试图把自己的正义理论扩展到国际关系领域，以更好地处理国与国、民族与民族之间的关系与事务，谋求全人类的和平与福祉。早在 1971 年出版的《正义论》中，罗尔斯就已经在传统的“国际法”概念框架下对这个问题进行过深入的思考。从 20 世纪 80 年代后期开始，罗尔斯以“人民法”为主题进行相关的思考，并于 1993 年的林肯诞辰纪念日，即 2 月 12 日，在牛津大赦讲座上发表了以“人民法”为题的讲演。但是，罗尔斯对演讲的内容始终不太满意，因为他深知这个问题的涉及面很广，仅凭一篇演讲对所涉及的问题不可能充分展开论述，极有可能遭到误解。在随后的若干年里，罗尔斯继续深入思考这个问题，写成了三篇论文，于 1995 年 4 月提交给普林斯顿大学举办的学术讨论会作为会议交流论文。《人民法》一书就是在这三篇论文基础上加工、改写而成的，大致完成于 1997~1998 年间。就在《人民法》定稿之际，罗尔斯又写成了另一篇重要论文，即《公共理性新论》，鉴于该论文所包含的思想与人民法密不可分，故将其收入《人民法》（1999）一书，该书是罗尔斯关于国际正义思想的集中体现。

一、“现实的乌托邦”何以可能

在《人民法》一书的引言中，罗尔斯把该书的内容概括为“现实的乌托邦”。从某种意义上说，“现实的乌托邦”是罗尔斯的国际正义思想的高度概括。那么，我们到底该如何理解罗尔斯的这一思想？在普通人眼里，“乌托邦”一词似乎只有“空想”“不现实”或“不切实际”的意思，因此，罗尔斯的“现实的乌托邦”似乎是一个自相矛盾的用语。然而，在思想史上，“乌托邦”一词还有另外一层意思，那就是“完美社会”或“理想社会”观念。柏拉图是这种乌托邦观念的首倡者，他的“理想国”观念一直激励着后来的许多思想家对理想社会的追求。英国近代人文主义思想家托马斯·莫尔首次直接用“乌托邦”（utopia）一词来表述和描述他心目中的理想社会。在他那里，“乌托邦”一词并没有后人所加给它的那么多贬义，而在一定程度上与柏拉图的“理想国”观念一样，同指人类理性对于美好生活的追求。近代德国哲学家康德把乌托邦看作理性一直追求的、作为“自在之物”而存在的道德世界，尽管人类恐怕永远无法完全达到这个目标，但有可能并且有义务不断趋近这个目标。当代德国著名哲学家哈贝马斯也认为不能把“乌托邦”和“幻想”等同起来，而应该把它看作推动人类不断前进的理想。

罗尔斯的“现实的乌托邦”概念所采用的正是“乌托邦”一词的“完美社会”或“理想社会”这一含义。他在《人民法》一书中所要解答的主要问题是：一个由自由人民和合宜人民构成的世界社会是如何可能的？他把这个社会称为“现实的乌托邦”。他认为，说这种“世界社会”是现实的，是因为它可以并且能够存在，而说它同时又是乌托邦的，是因为它是“极其理想的和非常可取的”。罗尔斯对“乌托邦”的解释清楚地告诉我们，他所使用的“乌托邦”不是“空想”的意思，而他所说的“世界社会”不是梦境，也不是空中楼阁，而是人类自由理性的思想结晶，是完全有可能实现的。

二、何谓“人民”

罗尔斯在《人民法》中把整个世界看作一个由诸多“人民”组成的社会（a society of peoples），并谋求为这个社会建立一个自由正义的并能为各个“人民”所认同的世界普遍法律原则，即人民法。罗尔斯把世界上所有的民族国家和社会分为五类：一是理性的、自由的人民；二是合宜的人民；三是不法国家（outlaw states）；四是负担不利条件的社会；五是仁慈的专制主义社会。他不使用传统意义上的“国家”（state 或 nation）一词，而使用“人民”一词，其目的在于使自己的理论中的国家与传统的国家有所区分，因此，他的“人民”概念在很大程度上是他的国家观的反映。国内学者李小科博士认为，如果我们把传统的那种以强调主权至上和神圣不可侵犯为特征的国家看作一种“强意义上的国家”，那么，我们不妨把罗尔斯的对主权有所限制的国家看作“弱意义上的国家”。

罗尔斯指出，他所说的“人民”有三个特征：一是为人民的根本利益服务的理性正义的宪政民主政府；二是由“共同的同情心”统一起来的公民，而不管其社会和历史渊源，如语言、历史的积淀；三是道德性。第一点是制度性的，第二点是文化性的，第三点则要求紧密地与关于权利和正义的政治（或道德）观念联系在一起。罗尔斯认为，正如民主社会中的理性公民愿意与其他公民一起依照公平的条款进行合作一样，“理性的自由的人民”或“合宜的人民”也愿意提出公平的条款并遵守这些条款，与其他“人民”进行合作。

罗尔斯坚持，他的“人民”概念与传统观念中的政治国家概念有所不同：传统观念中的政治国家拥有“主权”，即对外发动战争的权利和对内的国家自治权，而他的“人民”则不具有传统的“主权”。他专门把“人民”和传统的国家进行比较，认为像传统的民族国家一样，“人民”也有其根本利益：一是它们竭力保护自己在政治上的独立及以市民自由为特征的自由文化，确保自己的安全、领土以及它们的市民的福祉；二是一“人民”把自己作为“人民”来尊重。这后一方面的根本利益取决于该“人民”对其历史所经历的灾难和考验产生的共同感悟和反思，以及对其已经取得的成就的集体认同。与第一种利益对领土和安全的要求和忧患不同，这种利益的表现形式是，“人民”坚持要得到其他人民的合理尊重，坚持其他人民对它的平等地位的认可。

罗尔斯认为，尽管“人民”的行为与传统民族国家的行为有相似之处，比如“人民”也会通过强有力的宪政政府来展现并捍卫自己在国际舞台上的利益和地位，但它们之间还是存在着实质性的差异，因此不能把所有的民族国家都看成“人民”。首先，传统的民族国家所关心的是自己的合理利益的增长，而“人民”则利用自己的道德本质去制约对这种利益的盲目追逐，正如有道德感和有良知的个人会用自己的道德本质去制约自己的自利追求一样，这种制约是理性和理智的。在这个意义上说，“人民”不主张传统意义上的那种国家主权观，从而有别于传统意义上的民族国家。其次，罗尔斯所谓的“人民”也不同于现代国家，“人民”反对把战争当作政治的工具来使用，不主张把发动战争作为一种权利来享有，只有出于自卫的考虑，战争才可被当作一种工具来使用。再次，“人民”不主张就其内部事务行为而言的自治权。事实上，他们接受作为“国际机制”的最低限度的普遍准则的制约，以便合宜地对待每一个“人民”，并在力所能及的范围内援助其他“人民”。在某些极端状态下，“人民”还有权利强制性地维护这些普遍准则。

罗尔斯认为，民族“国家”和“人民”之间区分的关键是，正义的“人民”尊重其他“人民”，认可其他“人民”的平等地位。当然，这种平等并不意味着对特定种类、特定意义上的不平等的完全否认和抹杀。在“人民”的各种合作性机构，比如说联合国，一定程度的不平等是允许的。在人民社会中，各“人民”认可和接受这种不平等，正如在自由社会中公民们接受表现在社会和经济职能方面的不平等一样。

当然，尽管罗尔斯强调“人民”和国家之间的区别，但他承认人民法的条款只有通过行使属于国家的权力和能力才得以被接受和贯彻，因为他认为国家是唯一能以合法的权威去建立和同意人民法的参与者。这样，罗尔斯所定义的“人民”概念实际上接近于他所使用的民族国家这一概念。

李小科博士认为，从一定的意义上说，罗尔斯提出“人民”概念的目的在于绕开康德在国家问题上所遇到的二律背反。康德在“国家”主权问题上处于一种“强意义的国家”和“弱意义的国家”的二律背反状态，即康德在“国家”问题上处于一种两难状态。康德一方面认为，国家起源于人的自由本性，正是人类对和平的渴望才促成国家的建立。他在《论永久和平》中认为，以往的启蒙主义者所向往的“自然状态”实质上是一种战争状态，人与人要真正地和平相处必须进入一种“公民—法治状态”。康德的这种“公民—法治状态”就是结成国家、契约立法并通过国家来保障维持人们相互之间的和平与安宁。康德认为从这个意义上讲，国家的本质就是自由；权利对于个人是“人权”，对于国家来说就是“主权”，是否拥有主权是一个社会是否结成一个国家的标志。但是，康德又认为，为了永久的和平，为了使人类达到一种普遍的世界公民状态，需要建立一种各民族的联盟，这就意味着又要“放弃国家主权”。这两者之间存在一种张力。因此，康德一方面倡导自由国家的联合，另一方面又不得不承认这种联合的不可能。这就是康德在国家问题上的“二律背反”。罗尔斯试图通过他的“人民”概念，把传统的“强意义的国家”改造成一种“弱意义的国家”，但他并没有真正解决康德的“二律背反”。

三、人民法的产生及其内容

在《人民法》中，罗尔斯让理性的自由宪政民主国家的公民处在他设想的“原初状态”，借助“无知之幕”来为全世界的所有人民立法，这就是“人民法”。尽管这种人民法是自由的“人民”为它们自己制定的，但从理性的反思平衡角度看，最终会为其他类型的“人民”所认同和接受。

在《正义论》和《政治自由主义》中，罗尔斯“公平的正义”原则的产生机制是原初状态。在《人民法》中，罗尔斯仍然沿用这一机制，认为人民法原则同样产生于原初状态。当然，这个原初状态与《正义论》和《政治自由主义》中的原初状态有所不同。这个原初状态中的立约者所代表的不再是自由而又平等的公民，而是自由程度不等的“人民”。罗尔斯一再向人们表明，这个原初状态是一种代议设置，它是由情形各别的良序的自由的“人民”设立的。按照罗尔斯的论述，这个原初状态的建立有三点要求：一是自由社会的各位代表居于对称、平等的位置；二是各位代表在为人民法挑选原则时，参照他们的民主社会的利益；三是各位代表不了解具体的细节，诸如国土面积的大小、人口的众寡、他们所代表的人民的力量强弱对比、自然资源的稀缺丰盛程度、发展水平的高低快慢等等。假如这三个条件得到满足，那么，不同自由民主社会中的公民们将同意和认同原初状态是公平、公正条件的理想模型，且在这种模型下，各社会的代表们将确定自由人民的法律原则。

为了确定非自由国家是否会与自由国家一道接受同一种原则，罗尔斯把这个契约性质的程序加以扩展，认为这个程序又会为非自由国家所重复。他认为特定类型的非自由国家会接受同样的原则，并把这种非自由国家称之为“合宜”性质的国家。罗尔斯的最终结论是，按照自由国家和“合宜”的非自由国家之间达成的“人民法”可取得和实现国际共识。

罗尔斯的“人民法”共有八项原则：(1) 人民是自由、独立的，他们的自由和独立也为其他人民所尊重；(2) 遵守协定和承诺；(3) 各人民平等，并是达成用以约束他们的协议的缔约者；(4) 有遵守和履行不干涉的责任和义务；(5) 人民有自卫权，但没有以除自卫以外的其他理由发动战争的权利；(6) 崇尚和尊重人权；(7) 遵守对战争行为所作出的一些限制性的条款；(8) 有援助那些生活在不利条件之下的其他人民的义务。这里的“不利条件”指的是阻碍这些人民拥有他们自己的正义或合宜的政治和社会体制的条件。

上述的这些原则就是人们所熟悉的国际正义原则。罗尔斯认为，自由民主的“人民”之间可以按照这些原则结成各种形式的合作组织，但这种合作组织不是世界性的国家。同康德一样，罗尔斯也认为世界政府是不可能的，因为世界政府无论是全球性的政府，还是一个十分脆弱的帝国，它只会疲于应付在各地频繁发生的市民之间的冲突，因为各地区、各人民都在竭力赢得政治上的自治。

罗尔斯的《人民法》所面临的难题是如何对待“人民社会”之外的其他类型的社会。首先，如何对待不尊重基本人权的不法国家？对它们是否可以进行制裁或干涉？其次，如何对待因负担不利条件而无法建立起正义或合宜的政治体制和社会体制的社会？如何履行对它们的援助义务？这种援助是否意味着一种世界性的“资源再分配”？能否把罗尔斯用于国内社会的旨在关怀处于最不利境地者的“差别原则”用于国际社会？关于前一个问题，罗尔斯认为，我们应该对侵犯基本人权的不法国家进行谴责，在情况严重时甚至可以对它们进行制裁或武装干涉。关于第二个问题，罗尔斯不赞成“全球分配原则”，不赞成把他用于国内的穷人和富人之间的“差别原则”简单地搬用于国际上的穷国和富国之间。在研究者当中，对于罗尔斯的这两个看法存在较大的争议。有人认为，罗尔斯所谓“对不法国家的干涉”，难免有以人权为名干预主权的霸权主义之嫌疑。

第 6 章

《重申公平的正义》

罗尔斯的《重申公平的正义》（2001）一书是艾林·凯利根据罗尔斯的讲稿整理而成的。该书是对罗尔斯 1971 年《正义论》发表以来思想核心的简明概括，有必要在此作一番介绍。

在该书前言，艾林·凯利概要性地介绍罗尔斯自 1971 年《正义论》发表以来的思想演变。这个介绍是对理解罗尔斯思想转变的一个精要提示。她指出，罗尔斯在《正义论》中提出的“公平的正义”观念坚持，最合乎理性的正义原则是人们在公平的条件下会一致同意的原则。公平的正义从社会契约论的思想中阐发出一种正义理论，这种正义理论所表达的原则在基本权利和基本自由方面坚持传统的自由主义观念，但在财富和收入方面则只准许能够使处于最不利地位者的境遇得到改善的不平等。但是，她认为，在 1985 年发表的《公平的正义：政治的而非形而上学的》一文中，罗尔斯开始把关于正义及其自由主义内容的解释看作一种政治观念，而政治的正义观念是参照政治价值加以辩护的，不应该被描述为某种“综合性的”道德、宗教或哲学学说的组成部分。这个思想也是罗尔斯的《政治自由主义》（1993）的核心思想。在《政治自由主义》中，罗尔斯认为，在自由制度的政治和社会条件下，我们面对的是众多不同的也不相容的学说，其中有些学说并不合乎理性。政治自由主义不仅承认这个“合理的多元论的事实”，而且试图表明政治的正义观念作为各种不同的甚至冲突的综合性学说的“重叠共识”部分，能够被它们接受。

凯利认为，正是对政治自由主义的这种阐发促使罗尔斯对他的“公平的正义”重新进行描述和辩护。尽管他的《正义论》把公平的正义描述为综合性的自由主义观点的组成部分，但他的《重申公平的正义》表明，它能够被理解为政治自由主义的一种形式。罗尔斯也确实把公平的正义描述为政治自由主义的最合乎理性的形式，并且，对于公平的正义之核心的两个正义原则，他提供了新的基本论证。

罗尔斯本人的《序言》尤其有助于我们理解《重申公平的正义》一书的目标和基本内容。他指出该书想要达到两个目标。一个目标是纠正《正义论》中的许多严重缺点。他明确表示他仍然相信《正义论》中的“公平的正义”观念所表达的主要思想，并且通过重新论述，《正义论》对这些思想的论证所包含的许多重大难题可以得到克服。另一个目标是把《正义论》所阐述的正义观念和他自1974年以来所发表的文章中所包含的主要观念合并成一种统一的表述，从而使读者可以得到一种清晰连贯的观点。

罗尔斯认为，与《正义论》相比，《重申公平的正义》主要有三个方面的变化：一是关于公平的正义中的两个正义原则的论述和内容方面的变化；二是关于如何从原初状态出发对两个正义原则进行论证方面的变化；三是关于应该如何理解公平的正义方面的变化，也就是说，它是一种政治的正义观念，而不是一种综合性的道德学说的组成部分。下面，我们就按照罗尔斯的这个提示来看看这三个方面的变化。

一、两个正义原则的最终表述和内容的修正

罗尔斯在《重申公平的正义》中对两个正义原则重新进行表述，这也是他对两个正义原则的最终表述。

(1) 每个人对于一种平等的基本自由的完全适当的体系，都拥有不可剥夺的权利，这个体系与所有人所享有的同样自由的体系是相容的。

(2) 社会和经济的不平等应该满足两个条件：首先，它们应该与公平的机会平等条件下职位和官职向所有人开放相挂钩；其次，它们应该给处于最不利地位的社会成员带来最大的利益（差异原则）。

其中，第一个原则优先于第二个原则，而在第二个原则中，公平的机会平等优先于差异原则。也就是说，在使用一个原则时，我们假定在先的原则应该被充分地满足。

罗尔斯认为，他对于第二个原则的修正纯粹是文字上的修正，没有实质意义，因而也就没有必要详加讨论，他仅仅对“公平的机会平等”的含义和作用进行简单的说明。罗尔斯对第一个原则的修正涉及对基本自由及其优先性的重新描述。罗尔斯指出，他在《正义论》第一版第十一节所罗列的公民基本自由包括政治自由（选举和被选举的权利）、言论与集会的自由、良心的自由与思想的自由、人身自由与拥有个人财产的权利、法治概念所界定的不受任意逮捕及拘禁的自由，这个基本自由的清单是完全清楚的，但遗憾的是，他在该节关于这个原则的陈述中又使用过单数形式的“基本自由”（basic liberty），从而有可能造成人们的误解，即把基本自由看作某种具有特殊

优先性的自由，它不仅具有一种卓越的价值，而且是政治正义和社会正义的主要目的。罗尔斯认为，他在《重申公平的正义》中把基本自由表述为“平等的基本自由的完全适当的体系”，可以避免这种误解。这就是说，基本自由是一系列自由，它们构成一个完全适当的体系，其中没有任何一种特殊的自由具有特别的优先性。

关于基本自由优先性问题的修正，罗尔斯自称其主要目的是回应他的好友、著名法哲学家、牛津大学教授哈特所提出的强有力的批评。关于罗尔斯与哈特之间的争议，我们在前面的有关部分已有论述，这里不再赘述。

关于两个正义原则内容方面的修正，主要是对基本善重新进行解释。罗尔斯的这个重新解释把基本善看作自由而又平等的公民度过其整个人生所需要的东西，而不是心理欲求的对象，这有助于避免对基本善概念的心理学解释，消除基本善的主观色彩。在这里，罗尔斯所列举的基本善包括：(1) 基本的权利和自由：思想自由、良心自由和其他自由；(2) 迁徙的自由和择业的自由；(3) 拥有职位和官职；(4) 收入和财富；(5) 自尊的社会基础。

二、对两个正义原则论证的修正

这个方面的变化主要是把从原初状态出发的对两个正义原则的论证分为两种基本比较。第一种比较是把两个正义原则同平均功利原则相比较。第二种比较是把两个正义原则同自己的一种变形相比较，这种变形就是用受最低保障限制的平均功利原则代替差别原则，而其他方面不变。这两种比较可以使我们把支持涵盖基本自由的第一个正义原则和第二个原则的第一部分即公平的机会平等原则的理由，同支持第二个正义原则的第二个部分即差别原则的理由区分开。与《正义论》所提出的解释相比，这种论证的区分表明，支持差别原则的理由并不像阿罗和哈萨尼所认为的那样，依赖于对非确定性的极端厌恶，而是依赖于公共性、互惠性等观念。因为对非确定性的极端厌恶被看作一种心理上的态度，如果支持差别原则的理由依赖于这样一种心理态度，那么，对差别原则的论证就会成为一种软弱无力的论证。

三、对公平的正义的理解方面的变化

罗尔斯指出，尽管《正义论》从未讨论过公平的正义究竟是一种综合性的道德学说，还是一种政治的正义观念，但是读者还是有理由推断，公平的正义是作为综合性道德学说的组成部分而提出来的。在《重申公平的正义》一书中，罗尔斯明确地把公平的正义描述为一种政治的正义观念。这种对正义观念理解的变化带来许多其他变化，同时也需要一些新的观念。除政治的正义观念外，考虑到自由民主制度条件下综合性学说的多元性这个既定的事实，需要综合性或部分综合性的宗教、哲学和道德学说之间的重叠共识观念，以便能够阐述一种更为现实的良序社会观念。同时还需要关于证明的公共基础观念和公共理性观念、常识性政治社会学的某些一般事实以及罗尔斯所谓“判断的负担”所表达的东西，而“判断的负担”观念是《正义论》中所未曾使用的。

结　语

我们现在可以对罗尔斯的整个思路稍作整理。罗尔斯在维特根斯坦的语言游戏理论启发下，把社会合作活动看作一种非零和游戏。任何游戏都需要一套游戏规则，否则就不成其为游戏。就通常的竞技性游戏而言，只要按事先确定的游戏规则进行，则无论出现什么样的结果，都是公正的，因为在规则面前人人平等，这个游戏的程序是公正的，其结果也不能说不公正。这里不存在结果是否公平问题，因为它本身就不以追求结果的公平为目标。如果你无法接受不公平的结果，你可以选择不参加游戏。但是，社会合作游戏却有所不同，这个游戏是我们每个人都不得不参加的游戏，我们每个人都不得不在意结果是否公平，所以，这里的规则不仅仅有它是否得到公正执行的问题，还有其本身是否公平的问题，即这个规则本身是否能够带来相对公平的结果。当然，这种公平的结果不是平均，而是要把差距控制在合理的、可接受的范围之内。这就是罗尔斯把公平作为社会正义原则之核心的含义。那么，追求社会合作规则的公平性到底有什么根据呢？或者说，我们可以用什么办法来为规则的公平性辩护呢？罗尔斯认为，公平的规则乃是处于“无知之幕”背后的“原初状态”中的人们共同选择的结果，是他们订立契约的结果。这种契约在他们从原初状态回到社会后是不容撤销的。

罗尔斯的这个思想在其主要著作《正义论》（1971）中得到清晰的表达。他在该书中提出自由主义的、平等主义的道德概念“公平的正义”的目的在于解释宪政民主制度并为之辩护。该书所阐述的两个正义原则中的第一个原则肯定平等的基本自由相对于其他政治关切的优先性，第二个原则要求给所有公民提供公平的机会，并强调财富和社会地位的不平等要能够给处于最不利社会地位的社会成员带来最大的利益。罗尔斯提出一个无偏见的社会契约观念来为这两个原则辩护：处于平等地位的并且对于他们的历史境况一无所知的自由人会合乎理性地同意这两个原则，以保证他们的平等地位和独立性，并自由地追求他们的善的观念。

在其另一部重要著作《政治自由主义》（1993）中，罗尔斯对他的“公平的正义”观念的最初论证进行修正，以使之与自由主义的多元论更一致。他论辩道，鉴于在自由社会中不同的哲学、宗教和道德观点是不可避免的，因此，社会统一性的更合理的基础是建立在共享的道德观念基础之上的公共正义观念，包括公民关于其自身作为自由的和平等的道德人的公共观念。这个公共正义观念的稳定性是由重叠的共识提供的；所有合乎理性的哲学、宗教和伦理观点都能够因其各自的特殊理由赞同这个重叠的共识。

由此可见，尽管罗尔斯对正义原则的辩护前后有别，但他对于两个正义原则作为现代宪政民主社会的“建国立宪”的根本原则的想法却是一以贯之的。笔者接受罗尔斯的公平的正义原则，但不完全同意他对正义原则的论证。在罗尔斯的《正义论》中，原初状态乃是一个假定的状态，是思想实验的产物。

即使在原初状态中人们会一致同意罗尔斯所提出的两个正义原则，但这并不意味着他们在脱离原初状态后会信守承诺，在现实世界中也会接受这个原则。事实上，在现实世界中，对于公平的正义原则存在巨大的争议。后期的罗尔斯在《政治自由主义》中更加关注正义原则的可行性问题，把正义原则和形而上的综合性学说相分离，认为正义原则是政治性的，是建立在所有社会成员的重叠共识基础之上，因此重叠共识是正义社会的可行性和稳定性的保障。但问题是，罗尔斯把政治的正义原则和形而上的综合性学说相隔离的办法果真有效吗？许多研究者对此提出许多质疑，认为罗尔斯的政治正义原则实际上无法摆脱形而上的综合性学说的影响。另外，有学者认为，罗尔斯所谓的重叠共识实际上仅仅是暂时的协议，不是真正的重叠共识。在现代西方社会中存在各种不同的宗教，它们之间能否达成一种重叠共识？如果我们以伊斯兰教徒和基督教徒为例，我们似乎看不出二者之间有什么共约的因素使他们能够达成重叠共识。他们之所以能在一个社会中共存，并非是由于他们的教义之间有共约的因素使他们共同接纳某些原则。实际上，因为教义的不相容，他们都各自坚持唯有自己的教义才是真理，并且都坚持对异端进行压制。而他们之所以没有这样做，只是因为政治干预的力量太大，不允许他们这样做。如果某一方的力量大到足以有压倒性的优势，那么，这一方的一些狂热分子很可能会采取行动对另一方进行压制甚至迫害。如果这个说法成立的话，那么，在现代社会中所存在的恐怕并不是真正的重叠共识，而仅仅是一种霍布斯式的暂时妥协。

我们认为，对于正义原则的辩护不能仅仅依靠道德哲学或政治哲学的论证，还应当从社会学角度或历史唯物主义角度加以论证。事实上，接受社会正义原则乃是社会各利益集团长期博弈的结果，是妥协的结果，是人类通过血的代价换来的共识，是人类不得不接受的原则。出于维护社会稳定或平衡状态的需要，社会强势集团不得不让出部分利益，这是谋求个人自身安全和集团利益不得不付出的代价，因为社会弱势集团尽管处于弱势地位，但这些弱势力量联合起来就有可能造成社会的动荡，从而危及强者的利益。社会毕竟是一项合作的事业，这个事业要维持下去，就需要保持一定的均衡，需要各方都作出一定的让步。因此，从真理性的角度看，对于正义原则的证明是社会实践的证明，是社会学意义上的证明。

当然，从另一个角度看，社会学意义上的证明比较冷酷，不太容易让人接受，而且，它还有可能强化阶级意识或阶层意识，不太有利于缓和社会矛盾，而罗尔斯的道德哲学和政治哲学证明更抽象、更“优雅”，人们在情感上更容易接受。但是，如果按照罗尔斯的说法，真理性是一个思想体系的首要价值，那么，我们还是应该接受社会学意义上的证明。

附　录

年　谱

1921 年　2 月 21 日，约翰·博德利·罗尔斯出生于马里兰州的巴尔的摩，是威廉·李·罗尔斯和安娜·埃布尔·罗尔斯（母家姓斯坦普）五个儿子中的次子。

1939~1943 年　在普林斯顿大学学习并获学士学位。

1943~1945 年　受军训并在太平洋战区服役。

1946~1950 年　在普林斯顿大学读研究生，并获哲学博士学位。

1947~1948 年　赴康奈尔大学交流访问。

1949 年　与玛格丽特·沃菲尔德·福克斯结婚。

1950 年　完成博士论文《伦理知识基础研究：关于人格的道德价值判断的考察》。第一个孩子安娜·沃菲尔德降生。

1950~1952 年　任普林斯顿大学哲学系讲师。

1952~1953 年　牛津大学基督教会学院富布莱特访问学者。

1953 年　任康奈尔大学哲学系助理教授。

1954 年　第二个孩子罗伯特·李出生。

1955 年　发表《关于规则的两种概念》，提出将效用原则限于实践的评估。第三个孩子亚历山大·埃默里出生。

1956 年　晋升康奈尔大学终身职副教授。

1957~1958 年　撰写并发表《公平的正义》一文，提出早期版本的“两个正义原则”。最小的孩子伊丽莎白·福克斯出生。

1959~1960 年　任哈佛大学访问教授。

1960 年　任麻省理工学院教授。

1962 年　任哈佛大学哲学教授。

1969~1970 年　任斯坦福大学行为科学高级研究中心研究员。

1971 年　《正义论》出版。

1974 年　任约翰·考勒斯教授（讲座教授）。

1974~1975 年　赴密歇根大学学术休假。

1977 年　赴普林斯顿高级研究院学术休假（秋季）。

1979 年　接替诺贝尔奖获得者肯尼思·阿罗，任詹姆斯·布赖恩特·柯南特大学教授。

1980 年　约翰·杜威系列讲座《道德哲学中的康德建构主义》。

1983 年　获牛津大学名誉博士学位。

1986 年　赴牛津大学学术休假（春季）。

1987 年　获普林斯顿大学名誉博士学位。

1991 年　退休。

1993 年　《政治自由主义》出版。

1996 年　《政治自由主义》修订和扩充版出版。

1997 年　发表论文《再论公共理性观念》，获哈佛大学名誉博士学位。

1999 年　《论文集》出版。《人民法》出版。《正义论》第 2 版出版。获瑞典皇家科学院颁发的逻辑和哲学领域的 Rolf Schock 奖。获美国国家人文科学奖章。

2000 年　《道德哲学史讲义》出版。

2001 年　《重申公平的正义》出版。

2002 年　11 月 24 日在其妻马迪陪护下在家中安然离世。

主要著作

1.《正义论》，哈佛大学出版社，1971 年。

2.《政治自由主义》，哥伦比亚大学出版社，1993 年。

3.《人民法》，哈佛大学出版社，1999 年。

4.《道德哲学史讲义》，哈佛大学出版社，2000 年。

5.《重申公平的正义》，哈佛大学出版社，2001 年。

参考书目

1. [美] 涛慕思·博格:《罗尔斯:生平与正义理论》,中国人民大学出版社,2010年。

2. 李小科、李蜀人:《正义女神的新传人约翰·罗尔斯》,河北大学出版社,2005年。

3. [美] 约翰·罗尔斯:《正义论》,中国社会科学出版社,2001年。

4. 石元康:《罗尔斯》,广西师范大学出版社,2004年。

5. 姚大志:《何谓正义:当代西方政治哲学研究》,人民出版社,2007年。

6. [日] 川本隆史著,詹献斌译:《罗尔斯:正义原理》,河北教育出版社,2001年。